MANFRED MESSERSCHMIDT

MILITÄR UND POLITIK IN DER BISMARCKZEIT
UND IM WILHELMINISCHEN DEUTSCHLAND

ERTRÄGE DER FORSCHUNG

Band 43

MANFRED MESSERSCHMIDT

MILITÄR UND POLITIK
IN DER BISMARCKZEIT UND IM
WILHELMINISCHEN DEUTSCHLAND

1975

WISSENSCHAFTLICHE BUCHGESELLSCHAFT

DARMSTADT

 Bestellnummer: 6745

© 1975 by Wissenschaftliche Buchgesellschaft, Darmstadt
Satz: Maschinensatz Gutowski, Weiterstadt
Druck und Einband: Wissenschaftliche Buchgesellschaft, Darmstadt
Printed in Germany
Schrift: Linotype Garamond, 9/11

ISBN 3-534-06745-2

INHALT

I. VORÜBERLEGUNG UND GLIEDERUNG

Bei wenigen Themen der Geschichtswissenschaft in Deutschland ist heute ein größeres Engagement und Interesse sichtbar als bei diesem. Hier scheint ganz besonders greifbar, daß Geschichte und Gegenwart miteinander verbunden sind. Die historische Aussage gerät bei diesem Forschungsgegenstand nahe an die Schwelle der politischen Diskussion. Offenkundig steht hier der Standort des Historikers deutlicher als sonst vielleicht in enger Beziehung zu seinen Fragestellungen, Analysen und Ergebnissen.

Das Verhältnis von Militär und Politik ist keine Wechselbeziehung zwischen zwei eindeutig voneinander unterscheidbaren quantitativen und qualitativen Gegebenheiten. Militär muß in Frieden und Krieg auch als „politisches" Phänomen, als Ingrediens einer umfassenden Ordnung, Sinngebung, als Teil des „Politik" erst bedingenden staatlichen und gesellschaftlichen Substrats definiert werden.

Je nach dem, ob dieses Substrat vom Historiker als zeitgemäß, als passives oder aktives Element in seiner Umgebung, als bestimmten Ansprüchen genügendes oder Traditionen verpflichtetes Ganzes gewertet wird, kann es für historische Fragestellungen relevant werden. Das Verhältnis von „Militär" und „Politik" kann als einem gegebenen Substrat immanentes Problem behandelt werden, es kann als ein seine Beziehungen zur Umwelt charakterisierendes Moment erfaßt werden. Ihm kann eine relativ hohe Bedeutung zuerkannt oder nur eine aus dem Wesen des Substrats wie selbstverständlich ableitbare Funktion zugesprochen werden.

Alle diese Sehweisen sind bei dem gegebenen Forschungsgegenstand anzutreffen. Eine Gruppierung wäre nach solchen Gesichtspunkten leicht möglich, bliebe aber weitgehend abstrakt.

Geschichtswissenschaft hat kategoriale Maßstäbe am Geschehen zu überprüfen und zu verfeinern. Diese Bereicherung ist weit entfernt von der Verhaftung am Detail.

Die preußisch-deutsche Geschichte seit Bismarck fordert zu solcher Überprüfung schon deshalb heraus, weil in ihr die Findung der nationalen Einheit und die industrielle Revolution zeitlich in engstem Zusammenhang standen und auch der Übergang in die Phase des Imperialismus nur mit geringem Verzug erfolgte. Als weitere Besonderheit neben der späten Lösung der nationalen Frage und zugleich als eine Teilursache für die Verspätung selbst zeigt sich das Scheitern der liberal-demokratischen Revolution in der Jahrhundertmitte. Das Deutsche Reich ist nach diesem Scheitern erst zwei Jahrzehnte später „von oben" her erreicht und organisiert worden mit schwerwiegenden Konsequenzen für sein inneres Leben. Die bewaffnete Macht Preußens spielte in diesem Prozeß von Anfang an die tragende Rolle: sie setzte wesentliche Akzente bei der Entscheidung der Jahrhundertmitte. Im engsten Bündnis mit ihr, ja im gegenseitigen Aufeinanderangewiesensein, trat Bismarck sein Amt als Lenker der preußischen Politik an. Aus dieser Bindung wollte und konnte er nicht herauskommen. Die Reichskonstruktion „von oben" sicherte den alten Führungsschichten die soziale und politische Führungsrolle und zwang sie bei aller Divergenz in Einzelfragen prinzipiell zusammen.

Politische Leitung, Offizierkorps, Beamtentum und das sie tragende und verbindende gesellschaftliche Substrat repräsentierten einen Staat über den neuen bewegenden Kräften der Gesellschaft, einen von sozialen und wirtschaftlichen Bewegungen und Unruhen möglichst unabhängigen Macht- und Ordnungsfaktor. Die Wahrung des eigenen Status wurde als in der traditionellen Ordnung der Dinge liegend, ja als prinzipielle staatliche Aufgabe betrachtet. In diesem vermeintlich oberhalb individueller, ökonomischer und tagespolitischer Interessen liegenden Raum sah sich die Armee angesiedelt als Garant innerer Ordnung und äußerer Machtstellung. Mit diesem Selbstverständnis, das nach den Erfahrungen der Revolution von 1848/49 eine besondere innenpolitische Akzentuierung gewann, agierte die Armee während des Verfassungsstreits, im engsten Einvernehmen mit Bismarck: hochzufrieden mit dem Ergebnis, das bis zum Ende der Monarchie die Abwehr parlamentarischer Kontrolle des Militärwesens sicherstellte.

In den Verfassungskonstruktionen von 1867 und 1871 gehörte die Armee mit ihren Bedürfnissen zu den umstrittenen Materien. Die Armee hat sich im wesentlichen durchgesetzt. Nicht zuletzt um ihrer Interessen willen wurde die besondere Form des preußischen Konstitutionalismus fortgesetzt. Das System der Quinquennate und Septennate bürgte dafür, daß die demokratischen Elemente der Verfassung – das demokratische Wahlrecht – nicht unmittelbar gegen die Armee durchschlagen konnten.

Im neuen Reich sorgten die Waffenerfolge der Einigungskriege für die Festigung des militärischen Prestiges. Sie trugen zum Wandel des Nationalgefühls bei, schufen aber auch mit der neuen machtpolitischen Position in Europa außenpolitische Probleme, die politische und psychologische Rückwirkungen nach innen auslösten. Einige Vertreter der neueren Forschung knüpfen hier mit ihren Untersuchungen über den Sozialimperialismus an.

In allen diesen Bereichen, wie auch in der Haltung gegenüber systembedrohenden Ansätzen in der innenpolitischen Landschaft, etwa gegenüber den Forderungen der Sozialdemokratie – die sich in besonders scharfer Form gegen das Militär richteten – standen politische Führung und Armee interessenverbunden zusammen. Lediglich in Fragen der Außenpolitik konnten sich taktische Abweichungen gelegentlich zu grundsätzlicheren Meinungsverschiedenheiten ausweiten, am stärksten in der Frage der Opportunität eines Präventivkrieges.

Eine Betrachtung der Forschungsbemühungen um das Verhältnis von Militär und Politik in Preußen – Deutschland von Bismarck bis zum Ende der wilhelminischen Zeit hat die Bedingungen dieses Verhältnisses mit einzubeziehen; sie kann nicht an den gesellschaftspolitischen, innen- und außenpolitischen

Aktionsbereichen vorbeigehen und hat sich vor allem freizu-
halten von der Voraussetzung eines Gegeneinanders von Militär
und Politik. Als äußere Gruppierung erscheint nützlich folgen-
des Schema:

Bismarck und die Armee im Verfassungskonflikt

Reichsgründung – Militär in der Verfassung

National- und Staatsbewußtsein

Militär – Parlament

Armee – Marine – Außenpolitik

Militarismus

Unter diesen Themen lassen sich wichtige Fragestellungen der
Geschichtswissenschaft zusammenfassen. Schon ein kurzer Blick
auf die einschlägige historische Literatur zeigt aber, daß das
Verhältnis Militär – Politik nur in wenigen großen Untersuchungen speziell thematisiert worden ist. An erster Stelle ist
Gerhard Ritter's ›Staatskunst und Kriegshandwerk‹ zu nennen.
Daneben Arbeiten wie Gordon A. Craig's ›The Politics of the
Prussian Army 1640–1945‹ [1], die 200 Seiten dem hier interessierenden Zeitabschnitt widmet. In älteren Arbeiten ist ein
allgemein militärisch-politischer Zugang versucht worden [2], aber
diese Untersuchungen, teils von staatsrechtlichen Überlegungen
bestimmt, sind durch Ritters Ergebnisse überholt. Nach dem

[1] G. A. Craig: The Politics of the Prussian Army 1640–1945, Oxford 1955. Wichtig auch H. Herzfeld: Das deutsche Heer als geschichtliches Problem, in: Z Pol. N. F. 1. 1954. Einen Vergleich der Arbeiten
Ritters und Craigs zieht W. Sauer: Die politische Geschichte der Deutschen Armee und das Problem des Militarismus, in: PVS, VI. Jg., 1965,
S. 340–353 (zit.: Pol. Gesch. der Dt. Armee).

[2] Etwa bei O. Hintze: Staatsverfassung und Heeresverfassung
(1906), in: Staat und Verfassung. Gesammelte Abhandlungen zur Allgemeinen Verfassungsgeschichte, Göttingen, 2. Aufl., 1962, S. 52–83.
E. R. Huber: Heer und Staat in der deutschen Geschichte, Hamburg
1938; C. Schmitt: Staatsgefüge und Zusammenbruch des zweiten Reiches. Der Sieg des Bürgers über den Soldaten, Hamburg 1934 (= Der
Deutsche Staat der Gegenwart, H. 6); A. Vagts: A History of Militarism, New York 1937.

Zweiten Weltkrieg provozierte das doch wie kaum ein anderes aktuell gewordene Thema nur wenige umfassende Untersuchungen. Es klang zwar vielfältig in der Betrachtung von Detailproblemen an, aber durchgespielt wurde es selten. Neben G. Ritter ist Hans Herzfeld zu nennen mit seiner Darstellung ›Die moderne Welt‹ [3].

Friedrich Meinecke versuchte 1946 eine rückschauende Analyse des Weges aus dem 19. Jahrhundert in das 20. Jahrhundert bis zum Nationalsozialismus.[4] Darin findet sich ein Kapitel über ›Militarismus und Hitlerismus‹, das aber eher Denkanstöße als gesicherte Ergebnisse vermitteln will. Andere Versuche, Erklärungen für den Gang der deutschen Geschichte in der nationalsozialistischen Zeit durch Rückblicke auf das 19. Jahrhundert und speziell auf die Ära Bismarcks und auf die wilhelminische Epoche zu finden, führten angesichts der schwierigen Quellenlage im ersten Jahrzehnt nach 1945 kaum zu befriedigenden Ergebnissen.[5]

[3] H. Herzfeld: Die moderne Welt 1789–1945. 1. Teil: Die Epoche der bürgerlichen Nationalstaaten 1789–1890, Braunschweig 1953; 2. Teil: Weltmächte und Weltkriege. Die Geschichte unserer Epoche 1890–1945, Braunschweig 1952 (= Westermanns Studienhefte, Reihe Geschichte der Neuzeit, hrsg. v. G. Ritter); s. ferner ders.: Der Militarismus als Problem der neueren Geschichte, in: Schola. Monatsschrift für Erziehung und Bildung, 1. Jg., 1946, H. 1, S. 41–67.

[4] F. Meinecke: Die Deutsche Katastrophe. Betrachtungen und Erinnerungen, Wiesbaden, 2. Aufl. 1946.

[5] Vgl. den Literaturbericht H. Herzfeld: Zur neueren Literatur über das Heeresproblem in der deutschen Geschichte, in: VjfZg 1956, S. 361–383. Herzfeld weist mit Recht darauf hin, daß bis etwa 1954 die Literatur zum Heeresproblem in der neueren deutschen Geschichte, und zwar gerade zu den politischen Aspekten, im wesentlichen vom Ausland bestritten wurde. Die „wirkungsvollsten" Werke dieser Zeit sind Wheeler-Bennetts ›The Nemesis of Power. The German Army in Politics 1918–1945‹, London 1953, und Telford Taylors ›Sword and Swastika. Generals and Nazis in the Third Reich‹, New York 1953. Die Urteile beider Autoren stehen noch stark unter dem Eindruck der Kriegszeit, aber abgesehen von groben Überzeichnungen

Für die deutsche Militärgeschichte bleibt das Problem einer ungenügenden Quellenbasis auch künftig unverändert. Die Masse des Materials für das 19. Jahrhundert und für die ersten Jahrzehnte des 20. Jahrhunderts ist durch Kriegseinwirkungen vernichtet. Erhalten ist lediglich das Marinearchiv, dessen Bestände für Teilprobleme der allgemeinen Militärgeschichte herangezogen werden können.[6]

Je nach der Intensität der Quellenauswertung in der Vergangenheit in Teilbereichen können auch nach dem Verlust der Akten Monographien über einzelne Problemzusammenhänge ergiebig sein. Eine Gesamtdarstellung zur Frage des Verhältnisses von Militär und Politik, die im Hinblick auf die Armee über G. Ritters Werk hinausführt, ist schwer vorstellbar. Es hat dagegen für Einzelfragen Neuinterpretationen gegeben und darüber hinaus eine wissenschaftliche Diskussion um den Militarismusbegriff überhaupt. Einen vergleichbaren, die Forschung anregenden Anstoß, wie er hier in den fünfziger Jahren erfolgt ist, löste dann in den sechziger Jahren Fritz Fischer mit seinem 1961 erschienenen Monumentalwerk ›Griff nach der Weltmacht‹ aus. Diese beiden herausragenden Werke behandeln primär die auf die Außenpolitik gerichteten Überlegungen und Pläne führender Soldaten, Ritter darüber hinaus stärker die institutionelle Seite des Militärs, die durchaus als Politikum gesehen wird. So weit beide Arbeiten in Vorverständnis, Fragestellung und

bleibt ihr Verdienst, auf die Kontinuität des Heeresproblems in der deutschen politischen Geschichte hingewiesen zu haben. Ihre Sicht des deutschen Militarismus, wenn auch quellenmäßig nicht voll unterbaut, setzt die Sehweise angelsächsischer Autoren des endenden 19. und 20. Jahrhunderts fort, bei denen prussianism und militarism zu den entscheidenden Faktoren der neueren deutschen Geschichte überhaupt gezählt werden. Vgl. dazu näher M. Messerschmidt: Deutschland in englischer Sicht. Die Wandlungen des Deutschlandbildes in der englischen Geschichtsschreibung, Düsseldorf 1955.

[6] Eine Übersicht über die Bestände des Bundesarchiv-Militärarchivs sowie über die eingetretenen Verluste bietet: F.-C. Stahl: Die Bestände des Bundesarchiv-Militärarchivs, in: MGM 2/68, S. 139–144.

Ergebnissen auch auseinanderliegen, gemeinsam ist ihnen der Zuschnitt auf das Hauptthema Militär und Außenpolitik.

Der zweite große Themenkreis, angesiedelt in der Imperialismusforschung, deckt Beziehungen von Innen- und Außenpolitik ab, die unter den Begriff der „Systemsicherung" gebracht werden können. Hier sind H.-U. Wehler und V. R. Berghahn mit größeren Arbeiten vertreten. Damit ist insgesamt ein weites Spannungs- und Forschungsfeld in den Blick gerückt – aber es ist auch festzustellen, daß alle diese Arbeiten das Militär und sein Gewicht in Staat und Gesellschaft, seinen Einfluß und damit seinen Anteil an Politik im weitesten Sinne nur facettenhaft, oft nur peripher erfassen. Bei Wehler erscheint es – bei seiner Fragestellung legitim und ausreichend – im wesentlichen nur als Teil der konservativen Führungsschicht.

Angesichts der Verstreutheit der zahlreichen das Militär und seinen Standort in Staat und Gesellschaft erfassenden Arbeiten empfiehlt sich für diesen Überblick die erwähnte thematische Gruppierung. Nach Autoren kann hier nicht geordnet werden. Die Masse der Forschungsarbeiten ist in Monographien, Aufsätzen, Biographien, allgemeinen Überblicken, wissenschaftlichen Kontroversen, Grundrissen und Handbüchern breit ausgefächert. Nicht zu übersehen ist die intensive Behandlung der Thematik in der DDR-Wissenschaft.[7]

---

[7] Eine auf neuestem Stand befindliche Literaturübersicht zum Problemkreis Militär-Politik existiert nicht. W. Hahlwegs Zusammenstellung ›Kriegs- und Wehrwesen‹ in: Dahlmann-Waitz: Quellenkunde der deutschen Geschichte. Bibliographie der Quellen und der Literatur zur Deutschen Geschichte, Bd. 2, Stuttgart, 10. Aufl. 1971, Abschnitt 40; umfaßt hauptsächlich im engeren Sinne militärgeschichtliche Arbeiten und ist auch auf diesem Gebiet lückenhaft. Die in der DDR erschienenen Arbeiten sind nur teilweise erfaßt.

II. BISMARCK UND DIE ARMEE
IM VERFASSUNGSKONFLIKT

Die Heeresreorganisation provozierte einen Verfassungskonflikt [1], in dessen Verlauf Vertreter der militärischen Spitze Staatsstreichpläne erwogen [2]. Die Heeresreorganisation durch Wilhelm I. und Kriegsminister v. Roon änderte entscheidend die Wehrverfassung und damit die Staatsverfassung. Sie beseitigte wesentliche Grundlagen der Scharnhorst-Boyenschen Heeresorganisation und brachte damit in wichtiger Beziehung den Abschluß der seit 1819 in Gang gekommenen Restauration bei gleichzeitiger militärfachlicher Modernisierung des Wehrwesens. Staatsverfassung und Standort der Armee – während der Revolution 1848 heiß umstrittene Grundsatzfragen der preußischen Militärmonarchie – sind die Hauptthemen der Anfangsphase Bismarcks als Ministerpräsident gewesen und sie sind durchgängig Hauptthema geblieben. Bismarck erfaßte die Bedeutung der Reorganisation für eine künftige deutsche Politik Preußens.[3] Bei Roon und Wilhelm I. klang dieser Gesichtspunkt gelegentlich an. Wie intensiv er ihre Überlegungen während der Konfliktzeit tatsächlich beherrscht hat, ist bis heute nicht abschließend beantwortet. Moltke hat diese Perspektive weitaus stärker im

[1] Eine umfassende Bismarck-Bibliographie, die auch die hier wichtige Literatur umfaßt, liegt vor: Bismarck-Bibliographie. Quellen und Literatur zur Geschichte Bismarcks und seiner Zeit. Hrsg. v. K. E. Born, bearb. v. W. Hertel unter Mitarbeit v. A. Henning, Köln 1966. Zum Verfassungskonflikt vgl. 5.121.

[2] L. Dehio: Die Pläne der Militärpartei und der Konflikt, in: Deutsche Rundschau, Bd. 213, 1927, S. 91–100.

[3] Dazu näher O. Pflanze: Bismarck and the Development of Germany. The Period of Unification, 1815–1871, Princeton 1963, insbes. S. 176 f., 220, 323 ff. (zit.: Bismarck).

Auge gehabt. Hier sind noch zu erwähnende Arbeiten von R. Stadelmann und E. Kessel heranzuziehen. Aber der Generalstabschef besaß in der Konfliktzeit keinen politischen Einfluß.

Die Durchsetzung der Reorganisation durch Bismarck entschied über zentrale Strukturfragen in Staat und Armee. Sie entschied für den rückblickenden Betrachter letztlich über die deutsche Einheit. Dieser überwölbende Aspekt hat ihr ein hohes Interesse gesichert. Ältere Arbeiten zu diesem Themenkreis sind nahezu unübersehbar, zumal die politische, nationalliberal inspirierte Geschichtsschreibung hier eine Kernfrage der preußisch-deutschen Machtentfaltung, aber auch der Verfassungsstruktur erblickt hat.

Neben den erwähnten Arbeiten von E. R. Huber und C. Schmitt, die beide Rolle und Anspruch des Parlaments abwerten und den Militärstaat pur sang als Krönung deutscher Verfassungsentwicklung betrachten, neben den Arbeiten der fünfziger Jahre, zu denen noch E. N. Anderson [4] zu zählen ist, bildet die Behandlung der Reorganisation und des Verfassungskonflikts in den allgemeinen oder mehr außenpolitisch orientierten Darstellungen eine wesentliche Quelle der heutigen Kenntnis der Zusammenhänge.

Die technische Seite der Heeresorganisation ist in heutiger Sicht von geringem Belang. Die meisten Autoren stimmen darin überein, daß die Landwehrfrage nur noch Gegenstand liberaler Wünsche war. Die dreijährige Dienstzeit, vom Monarchen als unabdingbar angesehen, ist selbst von einer militärischen Kommission, der unter anderen der Generalstabschef angehörte, als diskutierbar betrachtet worden. G. Ritter hebt vor allem die politische Seite der Auseinandersetzung hervor und charakterisiert die innenpolitische Einflußnahme der Armee in dieser nach der Revolution wichtigsten Kraftprobe zwischen der Militär-

---

[4] E. N. Anderson bezieht in hohem Maße sozialgeschichtliche Aspekte in seine Untersuchung ein: The Social and Political Conflict in Prussia (1858–1864), Lincoln 1954.

monarchie und dem Liberalismus.[5] Seine These ist dahin zusammenzufassen, daß der nach 1848 noch einmal verschleierte Gegensatz zwischen Militärstaat und Parlament definitiv aufbrach und endgültig im Sinne der Militärs entschieden wurde: das autoritäre Prinzip der Heeresverfassung strebt von selbst danach, über diesen Bereich hinauszugreifen. Die Armee wird dadurch „zu einem politischen Faktor ersten Ranges". Ehe Bismarck mit subtileren Methoden der militärischen Führung den Staatsstreich ersparte, machte Roon dem Regenten den Anspruch der Armee auf den maßgebenden Einfluß im Staate deutlich: im Hinblick auf liberale Gesetzentwürfe, die dem Ausbau der Verfassung dienen sollten (Etatkontrolle durch eine unabhängige Behörde, Ministerverantwortlichkeit), drängte die Armee darauf, die alten Zustände zu erhalten. Roon: die Entwürfe könnten bedenkliche Rückwirkungen auf den königstreuen Teil der Bevölkerung haben, „namentlich in dem Teil der Nation, der E. M. Waffen führt, und in dem Allerhöchstdieselben immer die festeste Säule Ihres Thrones gefunden haben. Wer es treu mit Ew. Majestät meint, kann nur mit Widerstreben an Möglichkeiten denken, durch welche dieser ‚rocher de bronze' jemals untergraben werden könnte". G. Ritter sieht hier ein nurmilitärisches Interesse an der Stabilisierung der altpreußischen Militärmonarchie aktiv werden, ohne Rücksicht auf Zeitgeist, ja auch auf nationale Belange. Bismarck hat – nach Ritter – den Zusammenhang militärischer und nationaler Politik wiederhergestellt, freilich auch nur, indem er sich den Interessen des Offizierkorps verschrieb, was nach seiner politischen Haltung und seinen Grundüberzeugungen nicht überraschen kann.

Über die Grundfrage der preußischen Innenpolitik, die nicht ohne Wirkung auf die Außenpolitik bleiben konnte, die Frage, ob bei Bismarcks Regierungsantritt zwischen den Anhängern des politischen Fortschritts und der Armee ein „Patt" geherrscht

[5] G. Ritter: Staatskunst und Kriegshandwerk. Das Problem des „Militarismus" in Deutschland. Bd. 1: Die altpreußische Tradition (1740–1890), München, 2. Aufl., 1959, S. 159–206.

habe, gehen die Meinungen in der Forschung noch heute auseinander.[6]

Der wichtigste Auffassungsunterschied in der Frage, wie sich Bismarcks Lösung des Konflikts auf die weitere Entwicklung der innenpolitischen Lage ausgewirkt hat, liegt in folgendem: eine Richtung schreibt die innenpolitischen Konstruktionsmängel weithin dem Einfluß der Armee zu; sie erblickt in der Verhinderung des parlamentarischen Systems die Ursache der folgenden Fehlentwicklungen. Nach Ritter hat der Konflikt die preußische Armee „vollends zur Leibgarde der alten Monarchie" gemacht[7] und damit das Verhältnis von Staats- und Heerführung grundsätzlich anders festgelegt als in den Staaten Westeuropas. Bismarck hat diese Entwicklung abgeschirmt und unterstützt. Seine Innenpolitik ist in den folgenden Jahrzehnten den Weg unaufhörlicher erbitternder Kämpfe gegangen, und das hing letzten Endes „irgendwie damit zusammen, daß das bismarcksche Reich nicht als Volksstaat, sondern als Obrigkeitsstaat, als Werk der preußischen Monarchie und ihrer königlichen Armee ins Leben getreten ist".

Gegenüber dieser Auffassung sind die Meinungsverschiedenheiten über den Charakter der Indemnitätspolitik Bismarcks sekundär.[8] Nach C. Schmitt kehrte Bismarck mit der Indemnitätspolitik auf den Boden der liberalen Verfassung zurück, er gab dem Liberalismus die eben erst entronnene Macht zurück. Huber erblickt in der Indemnitätsvereinbarung einen echten Kompromiß mit dem Ziel des Bündnisses von Krone und Bürgertum. In diesem Zusammenhang ist von der „Quintessenz der realistischen Weisheit" Bismarcks die Rede. Tatsächlich wurde dem Landtag nur der „Schein der Legalität"[9] geboten, mit der Folge des Bruchs der Fortschrittspartei. So ist letztlich durch den

[6] Vgl. S. 13 und Anmerkung 12–14.
[7] Staatskunst und Kriegshandwerk, Bd. 1, S. 199.
[8] Analysiert bei E. R. Huber: Deutsche Verfassungsgeschichte seit 1789, Bd. 3: Bismarck und das Reich, S. 366 f.
[9] G. Mann: Deutsche Geschichte des 19. und 20. Jahrhunderts, Frankfurt a. M. 1967, S. 357.

Einfluß der Armee und für ihre Interessen der erste große Umschmelzungsprozeß in der jungen deutschen Parteilandschaft erfolgt, der für das künftige Verhältnis von Parlament und Armee von Bedeutung werden sollte. Gemeint ist sowohl die Konstituierung wie das Auseinanderbrechen der Fortschrittspartei sowie die Entwicklung der Nationalliberalen Partei zur wichtigen Trägerin der Reichspolitik. Die liberale Geschichtsschreibung neigte dazu, den Kampf zwischen Krone und Parlament als einen Kampf um das Recht zu interpretieren.[10] In dieser Sehweise „mußte" der Liberalismus Indemnität bewilligen angesichts der Stimmungslage in der Nation nach den militärischen Erfolgen von 1864 und 1866. Indemnität bedeutete aber nicht auch Garantie gegen Verfassungsverletzungen in der Zukunft, dies war den Führern der Nationalliberalen klar. Ein Sieg des Parlaments konnte darin nicht gefunden werden. Liberale, die an ihren Prinzipien festhielten, mußten sich gefallen lassen, von alten Freunden auf die „erhabene Einsamkeit" ihres „theoretischen Traumlebens" hingewiesen zu werden. Die Lösung des Verfassungskonflikts durch Bismarck hat den Zug zum „politischen Realismus" im deutschen politischen Denken gestärkt, das Rechtspositionen als zweitrangig im Vergleich zu Machtansprüchen zu behandeln sich angewöhnte. Ein Kompromiß war Bismarcks Schachzug nur rechtlich. O. Pflanzes Interpretation darf als die treffendste Bewertung des Ergebnisses des Heeres- und Verfassungskonflikts angesehen werden: "by giving in on the budget issue he could meet their [der Liberalen] conception of the Rechtsstaat. By taking up the cause of German unity he could bring them to support an essentially conservative order. This was the golden bridge over which he hoped to lead the moderates."[11]

Eine Sonderstellung nimmt Otto Beckers große Arbeit zu den hier interessierenden Fragen ein.[12] Becker hebt die außen- und

---

[10] So E. Eyck: Bismarck, Bd. 2, Erlenbach-Zürich 1943, S. 302.

[11] O. Pflanze: Bismarck, S. 325.

[12] O. Becker: Bismarcks Ringen um Deutschlands Gestaltung, hrsg. und ergänzt von A. Scharff, Heidelberg 1958 (zit.: Bismarcks Ringen).

nationalpolitische Zielrichtung Bismarcks so betont heraus, daß die innenpolitische Seite des Geschehens zu einer vordergründigen Angelegenheit der Taktik wird: die Heeresreorganisation war nicht conditio sine qua non für die Einigungspolitik. Im Gegenteil, ihre psychologischen Auswirkungen störten Bismarcks Strategie eher. Aber auch Becker räumt ein, daß sich „die Ausweitung der parlamentsfreien Sphäre der königlichen Kommandogewalt und die Selbständigkeit der Armee neben der konstitutionellen Regierung auf die verfassungspolitische Entwicklung, auch des Reiches, unheilvoll ausgewirkt" habe.[13]

Diese Auffassung übersieht Bismarcks Abhängigkeit von den sozialen und strukturellen Gegebenheiten der preußischen Militärmonarchie, wie es jene Interpretationen tun, die von einem „Patt" nach der Revolution ausgehen. Sie verwechseln Unbestimmtheit der Verfassungsnormierung mit politischer Unentschiedenheit.[14] Die Argumentation haftet zu stark an der rechtlichen Ausgangssituation aufgrund der revidierten Verfassung von 1850. Auch A. Hillgrubers Auffassung, wonach in der Entscheidungssituation von 1862 drei Möglichkeiten bestanden hätten – Sieg der Liberalen, Erfolg der Staatsstreichgruppe um Edwin v. Manteuffel und Gustav v. Alvensleben, zu der ja zunächst auch Roon gehörte, und Erhaltung der Sonderform der

---

[13] Ebd., S. 102.

[14] So etwa W. Sauer: Das Problem des deutschen Nationalstaats, in: Moderne deutsche Sozialgeschichte, hrsg. von H.-U. Wehler, Köln, 2. Aufl. 1968, S. 426 ff. Sauer schließt sich stark an C. Schmitt an. Vom „Patt" spricht auch M. Stürmer in seinem ausführlichen Literaturbericht über Arbeiten zum Bismarckreich, der für die Fragestellung dieser Untersuchung unbedingt heranzuziehen ist: Nicht Blut und Eisen, sondern Kohle und Stahl ... Bismarcks Deutschland im Licht der Sozial- und Wirtschaftsgeschichte, in: MGM 1/1969, S. 169. G. A. Craig überschätzt nach Herzfeld das Schwergewicht des politischen Einflusses der Armee. In innenpolitischer Hinsicht war das sicherlich, wie auch Herzfeld einräumt, nicht der Fall. In der Frage der Außenpolitik sind Craigs Ergebnisse in Beziehung zu der noch zu behandelnden Imperialismusliteratur zu bringen.

konstitutionellen Monarchie nach der Lösung von 1850 –, unterschätzt wohl das tatsächliche Schwergewicht der Armee. Wissenschaftlich befriedigend ist hier nicht eine kontradiktorische Gegenüberstellung der Lösung von 1850 und der Staatsstreichplanung für die Rückkehr zur absoluten Monarchie, sondern die Analyse der tatsächlichen Durchsetzung der Ziele der Militärpartei in der Reorganisations- und der damit verbundenen faktischen Machtfrage. Ein Sieg des Liberalismus gehört in das Gebiet bloßer Spekulation. Bismarck hat nicht ein „Patt" aufgelöst, sondern in gewollter Bindung an die Grundsätze der Militärmonarchie ein Reformwerk durchgesetzt. Daß er dabei Ziele großpreußischer Politik verfolgte und in Details mit sich reden lassen wollte, rechtfertigt nicht eine grundsätzliche Umbewertung seiner innenpolitischen Gebundenheit. Ohne die Sicherheit, auf ihn zählen zu können, hätte die Militärpartei ihn gar nicht ins Amt kommen lassen. Überdies hat sie es stets verstanden, mit dem Hinweis auf die Stimmung der Armee den schwankenden, gelegentlich an Rücktritt denkenden König auf den Standpunkt des Offizierkorps zurückzuholen.

Daher ist daran festzuhalten, daß der maßgebende innenpolitische Einfluß in der Verfassungskrise von der Militärpartei ausgeübt wurde, die die Lösung von 1850, wie sie schon von Friedrich Wilhelm IV. gesehen wurde, mit eigener Interpretation durchaus akzeptabel fand, wenn schon der Rückschritt in vormärzliche Verhältnisse nicht durchzusetzen war. Diesem Druck ist die Übernahme „preußischen" Verfassungsdenkens in die Reichslösung zuzuschreiben.

Bismarck fand den „Geist des Linienmilitärs" vor. Er trat als Stabilisator der Kommandogewalt auf. Die Armee hat ihn auf sich „verpflichtet". Um ihretwillen wurde der preußische Konstitutionalismus auf dem Gebiet des Budgetrechts – der einzigen wesentlichen Errungenschaft des preußischen Liberalismus – weiter ausgehöhlt.[15] Die in konservativen Kreisen als Wesen

---

15 So, mit starker Betonung der Bindung an die Armee als den harten Kern Preußens, M. Messerschmidt: Die Armee in Staat und

des preußischen Staates begriffene Zuordnung von Königtum – Offizierkorps – Staat ist auch für Bismarck als selbstverständliche Grundlage seiner Politik existent geblieben. Hier kam eine Bewertung sozialer und politischer Grundlagen zum Ausdruck, die zur Architektur des Bismarckreichs gehörte. Mit ihrer „Säulenfunktion" verblieb der Armee auch ein damit verbundener Einfluß.

An dieser Feststellung scheiden sich eigentlich nicht die Vertreter des Primats der Außenpolitik von den Vertretern des Primats der Innenpolitik. Die erste Gruppe argumentiert ohnehin nicht mehr in so einseitiger Weise wie einst die preußische Schule. Sie richtet ihr Augenmerk und ihre Fragestellung stärker auf die Außenpolitik, ohne deswegen innenpolitische Strukturfragen aus dem Auge zu verlieren.[16]

Egmont Zechlin, obwohl mit seinem Bismarck-Buch [17] aus dem Jahre 1930 nicht zu den moderneren Vertretern zu zählen, kann hier gleichwohl nicht übergangen werden. Sein Vorwort zur zweiten Auflage stellt das Buch in die wissenschaftlichen Kontroversen der Zeit nach dem Zweiten Weltkrieg. Der Leitgedanke von 1960 gehört in den Kreis jener Motivationen, die vor allem in der DDR-Wissenschaft auf Kritik gestoßen sind: „Ohne den nationalen Machtstaat zu dogmatisieren oder die Entwicklungstendenz zu einer übernationalen Ordnung zu verkennen, bleibt dem Historiker die Aufgabe, diesen Staatsmann und seine Politik unter den Bedingungen und mit den Möglichkeiten seiner Zeit zu erforschen und ihn aus seiner Gedankenwelt und inmitten der geschichtlichen politisch-sozialen Auseinandersetzungen verständlich zu machen." [18]

Gesellschaft – Die Bismarckzeit, in: Das kaiserliche Deutschland. Politik und Gesellschaft 1870–1918, hrsg. von M. Stürmer, Düsseldorf 1970, S. 89–118.

[16] Vgl. dazu A. Hillgruber: Bismarcks Außenpolitik, Freiburg i. Br. 1972.

[17] E. Zechlin: Bismarck und die Grundlegung der deutschen Großmacht, Stuttgart, 2. Aufl. 1960.

[18] Ebd., S. XX.

Zechlin fragt gegenüber solchen Feststellungen wie: Bismarck habe die preußische Armee in ihrer verfassungsmäßig unverantwortlichen Stellung erhalten und die Neigung zum autokratischen Regime gefördert [19], ob sich die historische Wirklichkeit auf solche Formeln bringen lasse?

Bei einer gewissen Skepsis gegen innenpolitische Methoden des Kanzlers überwiegt die Anerkennung seiner außenpolitischen, großmachtpolitischen Leistung. Die Herbeiführung der nationalen Einheit stellte nach Zechlin die Vereinigung „gegensätzlicher Kräfte zu schöpferischer Zusammenarbeit" dar. Der Anteil der Armee hieran reduziert sich auf die Wirkung von Traditionen über Persönlichkeiten, insbesondere über Roon und den König selbst. Der Chef des Militärkabinetts und sein Vertrauter, Generaladjutant Gustav v. Alvensleben, sowie die hinter ihnen stehenden Armeekreise treten bei Zechlin hinter pejorativen Klassifizierungen – Reaktionäre, unverantwortlicher Einfluß – in ihrer wahren Bedeutung zurück, obwohl die Staatsstreichplanung eingehend geschildert wird. Roons Einfluß auf den König wird deutlich hervorgehoben. Er steuerte „auf das positive Ziel hin, einen Mann zur Macht zu bringen, der, wenn überhaupt jemand, die ‚Patentlösung' in der Tasche hatte" [20]. Zechlin hebt Roons „Tendenz" hervor, „die parteilose Persönlichkeit zur Macht zu bringen, den starken Menschen, der den Verhältnissen seinen Stempel aufdrückt". Preußischer Staat, Großmachtpolitik, Leistung des bedeutenden Generals und des größeren Staatsmannes: dahinter treten Wirtschaftsinteressen, Parteiziele und der institutionelle Egoismus der Armee zurück, noch mehr die Auseinandersetzung sozialer Gruppen, wenn auch Pläne und Taktiken politischer Kräfte nicht ausgeklammert werden.

Eine Bindung Bismarcks durch die Armee gehört nicht in den Problemkreis der Untersuchung. Bismarck wurde in die Ausein-

---

[19] So etwa H. Holborn: Irrwege in unserer Geschichte?, in: Der Monat, 2. Jg., 1949/50, H. 16, S. 531 ff.

[20] Zechlin, S. 193 f.

andersetzung zwischen Parlament und Krone – Armee „hinein-
gezogen". Zechlin informiert über wichtige Zusammenhänge
dieser entscheidungsvollen Jahre. Die neueren Fragestellungen,
wie sie aus sozialgeschichtlicher und sozioökonomischer Betrachtung nach 1960 erwachsen sind, stellen gegenüber seiner Fragerichtung einen Ansatz dar, der stärker auf Strukturzusammen-
hänge zielt und weniger von Sympathie für Bismarcks Preußen
berührt ist.

Eine interessante Beleuchtung der Rolle der Armee während
der Konfliktzeit ließ die jüngste Wendung der Imperialismusforschung erwarten, zumal ihr wichtigster Vertreter, H.-U.
Wehler, seine Forschungen stark auf die Bismarckzeit konzentriert hat.[21] Die wirtschaftshistorisch, -theoretisch sowie sozialgeschichtlich unterbauten Untersuchungen definieren Imperialismus als gesellschaftspolitisches Integrationsmittel – eine nicht
neue These, die vor allem im angelsächsischen Bereich schon
früher umfassend ausgeführt wurde. Wichtig für den frühen
Bismarck ist, ob eine wirtschaftsimmanente Automatik mit starken Zwängen auf die Innen- und Außenpolitik konstatiert
werden kann[22], oder ob das Schwergewicht der alten Führungsschichten und preußischer Etatismus nach wie vor den Rhythmus
preußisch-deutscher Geschichte bestimmten.

Wehler sieht als „eines" der Ergebnisse Bismarcks an, daß es
ihm „gelungen" sei, „die Revolution von oben in ihrer militärischen Phase bis zur Reichsgründung erfolgreich weiterzuführen,
den politischen und sozialen Status quo in Preußen-Deutschland
noch einmal zu zementieren und die Lebensdauer der alten
Gewalten des Militär-, Beamten- und Großagrarierstaats zu

---

[21] H.-U. Wehler: Bismarck und der Imperialismus, Köln 1969;
ders.: Krisenherde des Kaiserreichs 1871–1918. Studien zur deutschen
Sozial- und Verfassungsgeschichte, Göttingen 1970; ders.: Sozialimperialismus, in: Imperialismus, hrsg. v. H.-U. Wehler, Köln 1970,
S. 83–96 (= NWB 37).
[22] Dies legt der Titel des in Anm. 14 zit. Literaturberichts von
M. Stürmer nahe.

verlängern"[23]. Die Folge war der Durchbruch der Hochindustrialisierung im „Gehäuse eines konservativen Obrigkeitsstaates". Diese thesenhafte Raffung läßt die Frage des Einflusses der Armee offen. Sie impliziert eine unbefragte Interessenidentität zwischen Bismarck und der Armee auf der Grundlage eines in alten Staatsvorstellungen wurzelnden Klasseninteresses. Für die Antwort auf die Frage nach dem Grad des Einflusses der Armee in der Phase von 1858–1867 ist Wehlers Formel vielleicht zu grobschnittig, wenn sie auch im Ergebnis, insbesondere aus sozialgeschichtlicher Sicht, als zutreffend akzeptiert werden kann. Der Militärhistoriker muß hinzufügen, daß dieser „Erfolg" eben nicht nur Bismarck „gelungen" ist, daß er hier vielmehr stark in der Richtung militärischer Vorstellungen agierte, mit Zustimmung einflußreicher Gruppen im Offizierkorps.

In seiner großen, auf die Wirtschaftspolitik konzentrierten Untersuchung zur Geschichte der Reichseinigung und der Reichspolitik ›Deutschlands Weg zur Großmacht‹ behandelt Helmut Böhme die hier interessierenden Fragen nur peripher.[24] Er stellt die Unnachgiebigkeit des Monarchen in den Mittelpunkt der Entwicklung, die zur Berufung Bismarcks führte. Irgendein Einfluß der Militärs wird nicht sichtbar. Roon erscheint lediglich als Vermittler. Dagegen sind die handels- und wirtschaftspolitischen Hebel in Bismarcks Politik hervorgehoben. Böhme ver-

23 Wehler: Bismarck und der Imperialismus, S. 122.
24 H. Böhme: Deutschlands Weg zur Großmacht. Studien zum Verhältnis von Wirtschaft und Staat während der Reichsgründungszeit 1848–1881; Köln 1966. Das Buch ist u. a. ausführlich besprochen durch M. Stürmer: Nicht Blut und Eisen, sondern Kohle und Stahl, zit. Anm. 14. Sehr viel kritischer urteilt L. Gall in seiner Besprechung: Staat und Wirtschaft in der Reichsgründungszeit, HZ 209, 1969, S. 616–630. Die These, daß Preußens Wirtschafts- und Handelspolitik als Mittel der Machterweiterung und der inneren Befestigung der Macht gedient habe, sei vom Verfasser verabsolutiert worden. Damit sei quasi durch die Hintertür der über der Gesellschaft schwebende Staat Hegels wiederbelebt worden.

mutet hier eine Taktik „zur weiteren Beherrschung des preußischen Staates, der Reservation der Stellung des Heeres, der Fortführung einer Kabinettsaußenpolitik", die für die konservativen Führungsschichten unerläßlich wurde, um den Liberalismus ohne politische Machtteilhabe für den Staat zu engagieren. Für die Anfangsphase Bismarcks sind diese Strategien sicher nicht von so punktueller Wirkungskraft gewesen wie die Interessenverbindung der Armee mit der Innenpolitik. Böhmes These weist der bewaffneten Macht in der Konfliktzeit eine zu passive Rolle zu. Ihr Zukunftsschicksal erscheint zu ausschließlich von den Ergebnissen wirtschaftspolitischer Taktik abhängig.

Die Haltung des preußischen Liberalismus in der Konfliktzeit muß für die Beurteilung der Ziele der Armee mit berücksichtigt werden. Von daher eröffnen sich Einblicke in die Einflußmöglichkeiten militärpolitischer Kreise. Eine besondere Aufmerksamkeit hat der später zum Nationalliberalismus überschwenkende Flügel immer schon auf sich gezogen, wobei der jeweilige politische Standort des Historikers das Urteil entscheidend gefärbt hat.[25] Heinrich August Winkler hat eine sehr eingehende Studie dieser Fragen vorgelegt mit dem Titel ›Bürgerliche Emanzipation und nationale Einigung‹. Sie stellt die Relation im bürgerlichen Streben nach Einheit und Freiheit in den Mittelpunkt. Daß in der Fortschrittspartei niemand eine zweite revolutionäre Kraftprobe mit der Armee wünschte, muß als die entscheidende Anknüpfungsmöglichkeit der Richtung Roon–Bismarck angesehen werden. Die Postulate „Einheit" und „Freiheit" standen in der Formulierung Winklers im Verfassungskonflikt „niemals unvermittelt nebeneinander". Ein Mischungsverhältnis

[25] Dazu näher H. A. Winkler: Bürgerliche Emanzipation und nationale Einigung. Zur Entstehung des Nationalliberalismus in Preußen, in: Probleme der Reichsgründungszeit, S. 226–242. Kurzfassung der Abhandlung: Preußischer Liberalismus und deutscher Nationalstaat. Studien zur Geschichte der Deutschen Fortschrittspartei 1861–1866, Tübingen 1964 (= Tübinger Studien zur Geschichte und Politik, Nr. 17). Die Kurzfassung stützt sich auf zusätzliche Archivalien aus ostdeutschen Archiven.

also, das eine weitere Möglichkeit, am Ende zusammenzukommen, in sich barg. Die Modernität des Ansatzes Winklers liegt in der Verbindung sozialgeschichtlicher und ideologiegeschichtlicher Problemstellung mit den Fragen des politischen Historikers. Der Historiker bleibt damit nicht gefangen in den von marxistischen Historikern angenommenen „Gesetzmäßigkeiten", also den ökonomisch-sozialen Strukturwandlungen, er kann die Möglichkeiten für „Politik" verschiedener Richtung auch in strukturell vorgegebenen Zusammenhängen zeigen. Nur so kann die Frage nach den politischen Positionen im Heereskonflikt sinnvoll gestellt werden. In dieser Sicht wird die Opposition gegen die Heeresreform als Ausdruck des bürgerlichen Aufstiegsstrebens und als „Reflex jener konkreten gesellschaftlichen Bedingungen" erfaßt, „unter denen sich die Auseinandersetzung zwischen dem Tiers état und dem historischen Staat in Preußen vollzog". Reflexe ökonomischer und sozialer Bedingungen sind hier wie sonst in die politischen Grundsätze und Handlungen der Kontrahenten einbezogen, aber die Auseinandersetzung vollzog sich auf dem Boden des preußischen Militärstaates und seiner besonderen Gegebenheiten, und da spielten neben „Junkertum" und „Feudalismus" das Militär und die Militärpolitik eine davon abhebbare Rolle. Winkler macht diesen Sachverhalt deutlich am Zusammenhang zwischen Nationalfrage und preußischen Militärlasten im Deutschen Bund. Eine Aufteilung der überhöhten preußischen Militärlasten auf die nationale Gesamtebene mußte in Richtung auf eine Liberalisierung Preußens wirken. Dahin zielte die Fortschrittspartei. Demgegenüber stand die „großpreußische" Richtung Roon–Bismarck, deren nationale Tendenz vom preußischen Liberalismus nicht ernstgenommen wurde. Das Zusammengehen der Armee mit Bismarck, tendenziell schon lange vorher in den Vorstellungen jener Militärs angelegt, die Norddeutschland in den Rahmen der preußischen Wehrverfassung einbeziehen wollten, hat den berühmten Satz Forckenbecks über den Zusammenhang von Freiheit und Einheit zur großen Täuschung werden lassen: „Ohne eine andere Gestaltung der deutschen Verhältnisse ist m[eo] v[oto] für die

Dauer auch die Existenz einer vernünftigen und freien Verfassung Preußens eine Unmöglichkeit. Bleiben die deutschen Verhältnisse so, wie sie sind, so wird und muß in Preußen nur der Militärstaat weiter ausgebildet werden ..." [26] Die deutschen Verhältnisse änderten sich zwar, aber nicht die innere Verfassung Preußens; im Gegenteil, sie wurde auf Gesamtdeutschland in wichtiger Beziehung übertragen. Die Brücke dafür war die Lösung der nationalen Frage im großpreußischen Sinne, die ohne Armee nicht denkbar gewesen wäre. Damit traten die erwarteten „gesellschaftlichen Rückwirkungen verminderter preußischer Militärlasten" [27] nicht ein, der deutsche Liberalismus hatte sich auf die preußische „vorrevolutionäre Umwelt" einzustellen und hat dies gerade mit seiner bildungs- und besitzbürgerlichen Komponente ohne große Schwierigkeiten vollzogen. In seiner Sicht mußte die Frage einer Auswechslung von Führungsschichten – und damit die der Einordnung und des Einflusses der Armee im Staate immer komplizierter werden, weil mit zunehmender Industrialisierung die Gesellschaft komplexer wurde.[28]

[26] Forckenbeck an Hoverbeck am 21. August 1859, zit. nach Winkler, a. a. O., S. 229.

[27] H. A. Winkler: Bemerkungen zum Thema „Liberalismus und bürgerliche Gesellschaft bis zur Krise der 1870er Jahre" (Schreibmaschinen-Text).

[28] Die Lage des deutschen Liberalismus im 19. und 20. Jahrhundert ist auf dem 30. Historiker-Tag in Braunschweig 1974 in eine grundsätzliche, sehr kontroverse Diskussion geraten, die für das Thema Armee – Liberalismus nicht ohne Bedeutung sein wird. S. dazu die Beiträge von H. A. Winkler, zit. Anmerkung 27; K.-G. Faber: Strukturprobleme des deutschen Liberalismus im 19. Jahrhundert; L. Gall: Liberalismus und bürgerliche Gesellschaft in Deutschland bis zur Krise der siebziger Jahre des 19. Jahrhunderts. Ansätze zu einer historisch-systematischen Analyse; Th. Nipperdey: Liberalismus und bürgerliche Gesellschaft.

Zum Liberalismus-Problem s. ferner: R. Weber, Das kleinbürgerlich-demokratische Element in der deutschen Nationalbewegung vor 1866, und W. Bußmann: Zur Geschichte des deutschen Liberalismus im

Die Einwirkungsmöglichkeiten eines nationale Politik treibenden Obrigkeitsstaates auf Denken und Handeln des Liberalismus haben auf dem Historikertag in Braunschweig 1974 im Zusammenhang einer Diskussion um das Wesen des Liberalismus neue Beleuchtung erfahren. Das innere Schwanken des gemäßigten Liberalismus in der Konfrontation mit einer entschlossenen Führung des Militärstaates interpretiert H. A. Winkler als „kompensatorischen Zug", der zurückging auf die Hoffnung, Preußen werde sich auf dem Umweg über Deutschland verbürgerlichen. Demgegenüber erblickt K. G. Faber in der Vertagung der Forderungen der Konfliktzeit, „die auf eine Art de-facto-parlamentarisches System hinausgelaufen wären", keine Kapitulation des Liberalismus, sondern die Kontinuität „jenes verzerrten Verhältnisses des deutschen Liberalismus zum Obrigkeitsstaat", dessen Grundlagen bereits in der Reformation gelegt worden seien.

Die Geschichtsschreibung in der DDR bezieht ihre Positionen zum Fragenkreis Armee–Politik im Verfassungskonflikt vor dem Hintergrund der historisch-politischen Wertung der Reichsgründung. Dadurch erhält eine Reihe von Arbeiten die Beifärbung propagandistischer Absichten. Sehr deutlich wird das in der Auseinandersetzung mit der westdeutschen Geschichtsschreibung.[29] Der eigene Beitrag zur Klarstellung des „militäri-

19. Jahrhundert. Beide Beiträge in: Probleme der Reichsgründungszeit 1848–1879.

[29] Vgl. dazu H. Bartel: Zur historischen Stellung der Reichsgründung von 1871 und zum Charakter des preußisch-deutschen Reiches in: Die großpreußisch-militaristische Reichsgründung 1871 – Voraussetzungen und Folgen –, Bd. 2, Hrsg. v. H. Bartel und E. Engelberg, Berlin 1971, S. 1–20 (= Deutsche Akademie der Wissenschaften zu Berlin. Schriften des Zentralinstituts für Geschichte. Reihe 1: Allgemeine und deutsche Geschichte, Bd. 36/B); ferner: Kritik der bürgerlichen Geschichtsschreibung. Handbuch, hrsg. v. W. Berthold u. a., Köln 1970, Lizenzausgabe der Ausgabe des Akademie-Verlages in Ostberlin mit dem Titel: Unbewältigte Vergangenheit. Vgl. insbes. Kapitel II: Kritik der Geschichtsfälschungen in den Hauptthemen und

sehen" Charakters der Reichsgründung bleibt selbst in einer so umfassenden Zusammenstellung, wie sie die Akademie der Wissenschaften mit dem zweibändigen Werk ›Die großpreußisch-militaristische Reichsgründung 1871‹ herausgebracht hat, denkbar unpräzise. Der tatsächliche Anteil der Armee an diesem Prozeß wird nur in einem Beitrag beleuchtet. In anderen Arbeiten ist wenig gesagt über die näheren Bedingungen der Zusammenarbeit Bismarcks mit der Armeeführung in der Konfliktzeit.

Nach Ernst Engelberg beherrschte die „Militärclique" die Situation. An Stelle des 1861 geplanten Staatsstreichs schien ihr wegen der Opposition im Lande eine Berufung Bismarcks zum Ministerpräsidenten „gefahrloser und erfolgversprechender" [30]. Der Kriegsminister präsentierte dem König Bismarck als Retter aus der Not. Bismarcks Zusage, die Heeresreform durchzuführen, sicherte eine starke Bindung der politischen Führung an die Interessen des Militärs und darüber hinaus an die Interessen und an die „Klassenlage" der Junker. Bismarcks Verhältnis zur „Junkerklasse" wird dennoch differenzierter gesehen als in vielen anderen ostdeutschen Darstellungen. Bismarck erkannte ihre „grundlegenden Interessen rascher und besser". Er löste sich von den dogmatisch-legitimistischen Bindungen. Im Hinblick auf die Ziele einer preußischen Großmachtpolitik sah er die Möglichkeit zum Teilbündnis mit den Liberalen. Militärische Führer stimmten einer solchen großpreußischen Linie zu, sofern die Krone dabei nicht von bürgerlichen Parlamentsmehrheiten abhängig werden konnte. Insoweit befindet sich die Argumentation in Übereinstimmung selbst mit älteren bürgerlich-nationalen Darstellungen. Engelberg sieht hier die eigentliche Interessen-

Leitlinien des vorherrschenden Geschichtsbildes in der westdeutschen bürgerlichen Historiographie zur deutschen und allgemeinen Geschichte, S. 111–309.

[30] E. Engelberg: Deutschland von 1849 bis 1871. Von der Niederlage der bürgerlich-demokratischen Revolution bis zur Reichsgründung, Berlin 1972, S. 125. Quellenbelege für diese Beschreibung der taktischen Haltung gibt Engelberg nicht an, wie überhaupt Analyse und Deduktion stärker anzutreffen sind als historische Zeugnisse.

identität zwischen Armee und Bismarck im Verfassungskonflikt. Obwohl beide zu einem „theoretischen Verständnis der Grundfragen" ihrer Epoche nicht durchdringen konnten, bereiteten sie praktisch die Expansion Preußens durch Stärkung des „Militarismus" – der hier nicht definiert wird – vor. Diesem Ziel diente ein mit Verfassungsinterpretationen (Lückentheorie) verhüllter Staatsstreich, der eben gefahrloser war als die ursprünglichen Absichten der Militärpartei.

Die Armee leitet diese Entwicklung ein, weil sie Bismarck als einen der ihren an die Macht bringt, sie geht konform mit der allgemeinen Linie der neuen Politik, wird auf der anderen Seite durch Bismarcks Strategie auch geführt und auf neue Lösungen vorbereitet.

Dem preußischen Liberalismus wird vorgeworfen, er habe nicht verstanden, seinen großen Wahlsieg von 1863 zu nutzen. Als Hauptursache dieser Unentschlossenheit sieht Engelberg die Furcht der Bourgeoisie „vor der Arbeiterklasse" an, eine Behauptung, die quellenmäßig nicht belegt ist und die in ausgesprochenem Kontrast zu der Feststellung steht, die „Militärclique" habe die Situation beherrscht.

Die „Relativierung" der Durchsetzungskraft einer mit der Armee abgestimmten Innenpolitik gegen den Liberalismus, wie sie Engelberg im Ergebnis vornimmt, um die Bedeutung der Rolle der „Arbeiterklasse" hervorzuheben, kann nicht als durchgängig akzeptierte Auffassung der DDR-Geschichtswissenschaft angesehen werden. J. Streisand vertritt unter Berufung auf Bebel eine geradezu entgegengesetzte Meinung.[31] Die Arbeiter besaßen keine klare und zielbewußte Führung: „nie verlief resultatloser eine im Kern vortreffliche Bewegung". Die Arbeiterklasse „besaß zu dieser Zeit keine Partei, die die Führung der demokratischen Bewegung hätte übernehmen können". Entscheidend war allein das Verhältnis des Militärstaats zum Liberalismus. Und Bismarck gewann die „Klassenschlacht"

[31] J. Streisand: Deutsche Geschichte. Ein Überblick, Berlin 1970, S. 198 ff.

24

gegen das liberale Bürgertum mit einer Politik, „die allein noch Krone und Junker retten konnte". Gemeint ist dieser Satz allerdings mehr im Hinblick auf Wilhelm I. als auf die Stärke des Liberalismus. So bleibt die Rolle der Armee im Ungewissen. Die Armee wird zu einseitig mit junkerlichen Klasseninteressen identifiziert, während das spezielle Interesse des Offizierkorps an einer von parlamentarischer Kontrolle freien Armee kaum in den Blick gerückt wird. Die Motive des Offizierkorps für die „Revolution von oben" werden allein aus sozialgeschichtlicher Sicht und nach marxistischer Geschichtsauffassung mit Klasseninteressen in Zusammenhang gebracht, ohne mögliche Differenzierungen in die Darstellung aufzunehmen.

Den Versuch, eine solche größere Schärfe im Detail zu erreichen, hat Konrad Canis unternommen.[32] Der eindringliche, militärgeschichtliche Aspekte umfassend einbeziehende Aufsatz legt den Akzent auf die innenpolitische Stoßrichtung der Heeresreorganisation. Das Ziel führender Militärs war danach die Verfassungsrevision, möglichst die Wiederherstellung absolutistischer Zustände. In Erinnerung an die Revolution gingen die Angehörigen und Sympathisanten der ehemaligen Kamarilla Friedrich Wilhelms IV. davon aus, daß künftig die Armee eher für Repressionsaufgaben im Innern als gegen einen äußeren Feind einzusetzen sei. Außenpolitik wollten Gerlach und Manteuffel möglichst nur unter dem Gesichtspunkt der Bekämpfung der Revolution und der Stärkung der Position der Militärmonarchien führen. Manteuffel schlug schon 1849 Modalitäten einer Reorganisation vor, die bei Roon wiederkehren. Auch Roon wies auf die innenpolitische Unzuverlässigkeit der Landwehr hin. Prinz Wilhelm billigte diese Vorschläge.

Canis wertet die bekannten Auffassungen der führenden Soldaten, deren Nuancen er deutlich herausarbeitet, in Kategorien, die das Ergebnis zugunsten der marxistischen Gesetz-

---

[32] K. Canis: Die politische Taktik führender preußischer Militärs 1858 bis 1866, in: Die großpreußisch-militaristische Reichsgründung 1871 – Voraussetzungen und Folgen, Bd. 1, Berlin 1971, S. 118–156.

mäßigkeit der Geschichte wieder unscharf machen: die Reorganisation wird zum wesentlichen Werk „des Adels", der mit ihr seine Klassenherrschaft stabilisieren will. Das Heeresreformvorhaben führte angeblich „die verschiedenen politischen Fraktionen des Junkertums wenigstens in ihrem politischen Handeln auf eine einigermaßen einheitliche Linie". Canis erblickt in der Situation nach 1850 ebenfalls ein Patt. Aber Adel und Bourgeoisie hätten „ihren eigenen Gegensatz" wegen des „gemeinsamen antagonistischen Gegensatzes" gegen das Proletariat und gegen die demokratische Volksbewegung immer weniger auskämpfen können. Die Heeresreorganisation erschien als Ausweg aus der „Phase des Stellungskriegs". Sowohl für den inneren Kampf als für den Krieg, der zugleich Integrationswirkung nach innen haben mußte, war sie ein probates Mittel, nämlich der „für den Adel" entscheidende machtpolitische Ansatzpunkt.

Diese Sicht der Entwicklung eliminiert oder nivelliert den Einfluß der Armee. Zwar gehörten die führenden Offiziere dem Adel an, aber gerade in der „Neuen Ära" hatte sich weitgehend die Erkenntnis auch beim Adel durchgesetzt, daß mit den Auffassungen der Männer um die Gebrüder Gerlach keine Politik zu machen sei. Sicherlich kann die „Wochenblattpartei" primär nur wegen ihrer außenpolitischen Vorstellungen als „liberal" angesehen werden, aber daß es gelte, die „Adelsherrschaft", was immer darunter verstanden werden konnte, neu aufzurichten, gehörte nicht zu ihren Prinzipien. Selbst der Prinzregent dachte nicht so. Nicht um „des Adels", sondern um der Armee willen entschloß er sich schließlich, Bismarck in das Amt des Ministerpräsidenten zu berufen. Canis gegenüber ist daran festzuhalten, daß die Armee gegenüber „dem Adel" ihren Stellenwert behalten hat. Ihren Interessen hat sich Bismarck untergeordnet, nicht denen „des Adels", wenn auch indirekt die soziale Kontinuität wesentliches Element seiner Politik blieb. Schließlich widerlegt Canis seinen Ansatz selbst, wenn er davon spricht, daß sich das „aus gemäßigt-liberalen Aristokraten gebildete Kabinett" mit einer „Gruppe extrem reaktionärer Militärs unter der Führung Manteuffels, Alvenslebens und des Prinzen Carl" konfrontiert sah.

Die Wege, in denen die Armee im Resultat „Adelsherrschaft" politisch vermittelt hat, sind wesentlich differenzierter, als es die Klassenschablone nachzeichnen könnte. Selbst Roon stand nach Canis mit seiner politischen Konzeption zwischen Kamarilla und Wochenblattpartei. In seinen Überlegungen spielte preußische Großmachtpolitik eine große Rolle, das Gegenteil ultrakonservativer Prinzipienpolitik. Genau besehen, bleibt im Hinblick auf die politischen Perspektiven verschiedener Vertreter „des Adels" von der Feststellung nicht viel übrig, es sei um die Festigung oder Wiederaufrichtung von „Adelsherrschaft" als Klassenherrschaft gegangen, wobei die Armee lediglich die Rolle eines Hilfsmittels gespielt habe. Die preußischen Führungsschichten suchten ihren Einfluß im Staat aufrechtzuerhalten. Dieses Ziel ist bereits während der Revolution erreicht worden. Die Heeresreorganisation gehört allerdings in den Zusammenhang dieses Kontinuitätsproblems, wie viele historische Arbeiten betonen, aber die spezielle Frage nach dem Einfluß der *Armee* auf die Innenpolitik in dieser wichtigen Phase preußischer Geschichte bedarf darüber hinaus einer eigenen Untersuchung. Canis sucht auch hier Antworten. Die Herausarbeitung der Auffassungsunterschiede bei Roon und Manteuffel nach dem großen Wahlsieg der Fortschrittspartei im Dezember 1861 gehört zu den überzeugendsten Passagen der Untersuchung: sie stellt zugleich das politisch-ideologische Beiwerk in Frage. Bekanntlich sind im Dezember 1861 noch Pläne für ein militärisches Eingreifen im Inneren vom Militärkabinett ausgearbeitet worden. Der König unterzeichnete sie und die Ordres gingen versiegelt an die Generalkommandos. Manteuffel hätte den Staatsstreich am liebsten mit offensivem Vorgehen eröffnet. Aber Roon überzeugte wohl den zaudernden Monarchen mit seiner Auffassung, daß die Verfassung nur nach „revolutionärem Rechtsbruch" von unten beseitigt werden könne. Je mehr die Wahrscheinlichkeit dafür schwand, um so mehr gab Roon Staatsstreichgedanken überhaupt auf. Und nicht die Gruppe um

Manteuffel, sondern der Standpunkt des Kriegsministers ist jene Basis gewesen, auf der die Armee sich mit Bismarck treffen konnte. Canis unterstreicht diese Schlußfolgerung selbst mit dem Satz, die „objektiven Gegebenheiten" hätten jeden Staatsstreichplan ultrakonservativen Zuschnitts zu einem „illusionären Rezept" gemacht. Eine junkerliche Vorherrschaft vormärzlicher Observanz „war vollkommen irreal".

Mit dieser Feststellung stellt Canis sich auf den Boden der gesicherten Ergebnisse der historischen Forschung. Zur Charakterisierung Roons wird selbst G. Ritter zitiert. Zwar vermochte die starre Haltung Manteuffels und Alvenslebens in der Reorganisationsfrage den Heereskonflikt zum Verfassungskonflikt auszuweiten, weil sich hier der König unmittelbar von den Argumenten des Militärkabinetts angesprochen fühlte, aber die Lösung der Krise, ebenfalls mit Zustimmung des Königs, ging in die Richtung Bismarck–Roon. Der Einfluß der Armee sicherte den Ausbau des militärischen Instruments, erhöhte seine politische „Zuverlässigkeit" für die Krone, zielte aber auch auf eine nationale großpreußische Politik, die geeignet war, große Teile des Liberalismus in den Schlepp zu nehmen und damit innenpolitische Divergenzen auszuräumen. Hinter allen klassenkämpferischen Deduktionen bleibt so als Fazit dieses eingehenden Beitrags zur Anfangsphase der bismarckschen Regierungsführung die Herausarbeitung der Rolle der Armee, der Standortbehauptung, ja -befestigung in der Führungsspitze. Hier liegt eine Erklärung für ihr Schwergewicht in den folgenden Jahrzehnten, das A. Hillgruber treffend als die „Verewigung" des dem preußischen konstitutionellen System eigenen Dualismus von quasi gleichberechtigten höchsten zivilen und militärischen Gewalten „unterhalb" des allein als Klammer wirkenden Monarchen umschrieben hat.[33] Hillgruber schließt sich allerdings stark an

---

[33] Hillgruber: Bismarcks Außenpolitik, S. 38; L. Gall: Die „deutsche Frage" im 19. Jahrhundert, in: 1871 – Fragen an die deutsche Geschichte. Katalog zu den Historischen Ausstellungen im Reichstagsgebäude in Berlin und in der Paulskirche in Frankfurt a. M. aus Anlaß

Lothar Galls Wertung der Rolle Bismarcks an. Nach Gall verhinderte Bismarck die „völlige Kapitulation" des alten Systems, indem er nach einer Phase verfassungswidriger „Diktatur auf Zeit" die traditionelle politische und soziale Ordnung durch taktische Zugeständnisse an ihre Gegner stabilisierte.

Canis hat für seine Untersuchung den Nachlaß Edwin v. Manteuffels herangezogen. Sie stellt daher eine wertvolle Ergänzung unserer Kenntnis der Gedankenwelt des Chefs des Militärkabinetts dar.[34] Insgesamt aber gilt, daß in der Faktenvermittlung nicht mehr viel Neues gesagt werden kann, während der Wertung weitere Möglichkeiten bleiben, zumal im Verhältnis der ost- zur westdeutschen Geschichtswissenschaft gerade hinsichtlich der Phase der Reichseinigung und der Reichspolitik von 1871–1918 gegenwartspolitische Tendenzen eine wichtige Rolle spielen.[35] Neben den angeführten, teilweise auf unterschiedlicher historischer Interpretation sozialistischer Klassiker beruhenden Arbeiten, ist mit Hajo Herbells ›Staatsbürger in Uniform‹[36] eine Untersuchung zu erwähnen, die besondere Wertungen und Akzente in der Reorganisationsfrage setzt und von hier aus zu

der hundertsten Wiederkehr der Reichsgründung 1871, Berlin 1971, S. 45 ff.

[34] Der Manteuffel-Nachlaß liegt im DZA Merseburg. Er ist für Manteuffel über die bekannten Dokumentenveröffentlichungen hinaus wichtig: L. Dehio: Zwei politische Briefe Edwin v. Manteuffels, in: Deutsche Revue, Stuttgart, 47. Jg., 1922, Bd. 1, S. 147 ff.; H. Granier: Eine Denkschrift des Generals Edwin v. Manteuffel über das Militair-Kabinett, in: Forschungen zur Brandenburg-Preußischen Geschichte, Berlin, Bd. 47, 1935, S. 172 ff. u. a. m.

[35] Ein gutes Beispiel dafür bietet der Beitrag von J. Streisand: Bismarck und die deutsche Einigungsbewegung des 19. Jahrhunderts in der westdeutschen Geschichtsschreibung, in: ZfG, Bd. 2, Berlin 1954, S. 349–369; er wurde mit Ergänzungen wieder abgedruckt in: H. Böhme (Hrsg.): Probleme der Reichsgründungszeit 1848–1879, Köln 1968, S. 384–401 (= NWB 26 – Geschichte).

[36] H. Herbell: Staatsbürger in Uniform 1789 bis 1961. Ein Beitrag zur Geschichte des Kampfes zwischen Demokratie und Militarismus in Deutschland, Berlin 1969.

Interpretationen der Konfrontation Militärstaat – Bürgertum kommt, in denen Dogmatik und Sachlichkeit sich gegenüberstehen. Eine Synthese ist nicht möglich. Daher bleiben die wichtigsten Aussagen ungenau. Den Gang der Entwicklung sieht Herbell bedingt durch den Widerspruch zwischen reaktionären politischen Zielen und den „Notwendigkeiten . . . der objektiven Entwicklung des Militärwesens" [37]. Die militärische Führung erkannte nicht die politischen Notwendigkeiten der Zeit, der Liberalismus entwertete seine politische Position durch „vielfach eklatante militärische Fehlurteile". Herbell lehnt sich hier stark an Friedrich Engels an, der bekanntlich die Haltung der Liberalen in der Reorganisationsfrage äußerst scharf kritisiert hat: einmal, weil sie gegenüber dem Zwang zum Fortschritt halbherzig, im Hinblick auf die innenpolitische Ausnutzung der Situation ein Fehlschlag und angesichts der außenpolitischen Notwendigkeiten unzureichend gewesen sei.[38] Liberale Kritik, insbesondere kleinbürgerlich-demokratische Kritik, die die Zeichen der Zeit nicht begriff, stellte in dieser von Herbell übernommenen Sehweise „für eine in militärischer Hinsicht modern denkende Gruppe politischer Reaktionäre kein ernst zu nehmendes Hindernis dar" [39]. Die „Vielschichtigkeit" solcher Männer wie Roon und Moltke sei eine „subjektive Verkörperung der objektiven Widersprüche in Struktur, Lage und Politik der reaktionären herrschenden Klassen" gewesen. Der „scharf antidemokratische Geist" der Militärs bestimmte den Reorganisationsplan. Roon konnte dann als Minister den König in der innenpolitischen Entwicklung überhaupt „in stärkstem Maße beeinflussen" – und dennoch war nach Herbell die Haltung der Liberalen, als sie den Reorganisationsplan ablehnten, „objektiv inkonsequent und falsch". Sie verzichteten darauf, in der Militärfrage „eine offensive politische Taktik zu verfolgen und der

[37] Herbell, S. 128.
[38] F. Engels: Die preußische Militärfrage und die deutsche Arbeiterpartei, MEW, Bd. 16, S. 60 f.
[39] Herbell, S. 131.

30

Krone für bewilligtes Geld politische Macht abzuringen"[40]. Allein diese Taktik wäre geeignet gewesen, die Armee unter die Kontrolle der Kammer zu bringen. Aber gerade als diese Taktik versucht wurde, brachte die Armee Bismarck an die Macht, sicherte sich die Durchsetzung der Reorganisation in ihrem Sinne und schließlich auch durch Bismarcks Außenpolitik die Anhängerschaft des nationalen Bürgertums.

Die Armee stand damit Pate bei der Begründung der Voraussetzungen der kleindeutschen Großmachtbildung schon vor den großen Waffengängen. Ihre Strategie stieß auf einen in sich uneins werdenden Liberalismus. Der Forschung bleibt die Aufgabe einer weiteren Klärung der inneren Voraussetzungen für Bismarcks Bewältigung der Krise. Die Meinungen gehen sowohl in West- als auch in Ostdeutschland darüber noch weit auseinander.

[40] Herbell, S. 139 f.

III. REICHSGRÜNDUNG – MILITÄR IN DER VERFASSUNG

Die Verfassung des Norddeutschen Bundes und, ihr folgend, die des Deutschen Reiches von 1871 sind vornehmlich unter dem Gesichtspunkt der inneren Problematik der monarchistisch-konstitutionellen Ordnung gesehen worden. Dabei ist ihnen der Charakter einer spezifisch deutschen Verfassungsordnung zugesprochen worden. Bismarck hat mit ihnen nach Meinung zahlreicher Historiker die kontinuierliche Weiterentwicklung der politischen Verfassung in Deutschland um ein halbes Jahrhundert aufgehalten. Nach Auffassung anderer ermöglichte seine Konstruktion einen allmählichen Übergang zum parlamentarischen System.[1] Daß Preußen und seine Armee als der harte Kern des Verfassungswerks von 1867/71 angesehen werden müssen, darüber gibt es kaum Meinungsverschiedenheiten. Die tatsächliche Einordnung der Armee in die Verfassung ist, in auffälligem Kontrast dazu, aber nur von wenigen Historikern gründlich behandelt worden, und noch weniger die Frage, welchen Anteil die Armeeführung an der definitiven Lösung genommen hat.

[1] H. Boldt: Deutscher Konstitutionalismus und Bismarckreich, in: Das kaiserliche Deutschland. Politik und Gesellschaft 1870–1918, hrsg. v. M. Stürmer, Düsseldorf 1970, S. 119–142, gibt einen Überblick über den Stand der Meinungen. Ein Überblick über das wichtigste allgemeine Schrifttum zur Reichsverfassung bei E. R. Huber: Deutsche Verfassungsgeschichte, Bd. 3, S. 766 f.; zur Wehrverfassung S. 988 f. Zur Frage der inneren Fähigkeit des deutschen Konstitutionalismus zur Evolution in Richtung auf den Parlamentarismus vgl. E.-W. Böckenförde: Der deutsche Typ der konstitutionellen Monarchie im 19. Jahrhundert, in: Beiträge zur deutschen und belgischen Verfassungsgeschichte im 19. Jahrhundert, hrsg. v. W. Conze, Stuttgart 1967 (= 1. Beiheft zu GWU).

Abgesehen von der in der Verfassungshistorie und von Verfassungsjuristen schon bald nach der Reichsgründung geführten Diskussion über das Problem „Reichsheer" oder „Kontingentsheer", die bei Huber ausführlich behandelt ist, erreichte die wissenschaftliche Diskussion um die Rolle der Armee in der Verfassung in den dreißiger Jahren einen Höhepunkt mit den durch Carl Schmitts Buch ›Staatsgefüge und Zusammenbruch des Zweiten Reiches – Der Sieg des Bürgers über den Soldaten‹ (1934) ausgelösten Kontroversen. Schmitt hatte den unüberbrückbaren Gegensatz zwischen politischer Verfassung und Wehrverfassung hervorgehoben und die Reichsverfassung als bloßen „dilatorischen Formelkompromiß" bezeichnet, während E. R. Huber in ›Heer und Staat in der deutschen Geschichte‹ (2. Aufl. 1943) aus der Wehrverfassung geschlossen hatte, das Reich hätte sich mit ihr als „Militärstaat" konstituiert und so das föderalistische wie das parlamentarische Prinzip gehemmt.

Gerhard Ritter untersucht die Zusammenhänge Armee – Verfassung im wesentlichen im Hinblick auf die wachsende Bedeutung des Generalstabes, wobei die außenpolitische Relevanz der Ausweitung der Kompetenzen des Chefs des Generalstabes deutlich wird.[2] Daneben behandelt er die Rolle des Kriegsministers zwischen Reichstag und Oberstem Kriegsherrn als Sonderproblem. Die wesentlichen Strukturen und Kompetenzen sieht Ritter als logisches Resultat der ungebrochenen inneren Kraft der Militärmonarchie an, ja als Folge der Tatsache, daß Bismarck ausdrücklich zu dem Zweck ins Amt gerufen worden sei, „die unbeschränkte Verfügungsgewalt des Monarchen über sein Heer gegen das Mitspracherecht der Volksvertretung zu verteidigen". Seine Vertrauensstellung beruhte eben darauf, daß „er keinen Augenblick nachließ in der eifersüchtigen Wahrnehmung der unkontrollierten ‚Kommandogewalt' als Privileg der Krone". Über alle Unterschiede historischer Sehweise hinweg stimmen selbst sowjetische Historiker in diesem Punkte zu.

[2] Staatskunst und Kriegshandwerk, Bd. 1, 7. Kap., Militärische und Zivilgewalt im Neudeutschen Kaiserreich, S. 148–170.

Bismarck hielt sich nicht aufs „Geratewohl" an der Macht. Er respektierte und bejahte innerlich die Schranken, „die die Herrschaft der preußisch-junkerlichen Monarchie und das System des Militarismus setzten" [3].

Danach kann die Frage der Beteiligung der Armee an den Vorüberlegungen zur Verfassung des Norddeutschen Bundes als relativ nebensächlich angesehen werden. Dies ist wohl einer der Hauptgründe für die geringe Beachtung dieses Komplexes in der historischen Forschung. Bismarck war in diesen Dingen zugleich der Sprecher der Armee. Er stand und blieb auf dem Boden des Bündnisses von 1862 [4], das freilich einer grundsätzlichen Übereinstimmung in der Beurteilung der Grundlagen des preußischen Staates entsprach. Unter Wilhelm I. konnte Bismarck in Armee- und Kommandofragen keine andere Politik machen. Das heißt, daß 1862 ein fest abgegrenzter Bereich von staatlichen Strukturelementen vorgegeben war, an dem nicht mehr gerüttelt werden konnte. Daher ist die Feststellung ohne großen Belang, daß der Anteil Roons und des Königs an den militärischen Bestimmungen von Bismarcks Verfassungsentwurf „geringer war, als man vermuten sollte" [5]. Über die Position des Königs als Oberbefehlshaber wie überhaupt über die Stellung des Monarchen im konstitutionellen System herrschten in konservativen Kreisen Auffassungen, die über den eigentlichen Inhalt des Konstitutionalismus hinaus auf den Gegensatz: Königsherrschaft kontra Parlamentsherrschaft hinausliefen.[6] Rechtlich war das, wie H. Boldt kürzlich klargemacht hat, im Wesen der preußischen wie der Reichsverfassung durchaus nicht

[3] So A. S. Jerussalimski: Bismarck. Diplomatie und Militarismus, Frankfurt a. M. 1970, S. 55; Russische Originalausgabe Moskau 1968.

[4] Sauer, Pol. Gesch. d. Dt. Armee, datiert dieses „Bündnis" auf den Tag des 18. September 1862, an dem Roon den Gesandten Bismarck aus Paris nach Berlin rief.

[5] Becker, S. 264. Zu den Einzelheiten der militärischen Abschnitte der sog. „Putbuser Diktate", S. 251 ff.

[6] Über diese staatsrechtliche Fehlinterpretation vgl. Boldt, Deutscher Konstitutionalismus und Bismarckreich.

angelegt. Beide entsprachen nicht den von Friedrich J. Stahl „für unabdingbar gehaltenen Merkmalen eines monarchisch-konstitutionellen Systems". Die Verfassungsgeschichtsschreibung hat diesen Unterschied nicht beachtet. Überwiegend tradierte sie die konservative Sicht der Dinge, die maßgebend von der Armee mitgeprägt worden ist.[7] Dies hat G. Ritter ganz besonders deutlich gemacht. Die Armee hat es vermocht, ihre politisch-sozialen Vorstellungen mittels einer langen Praxis zum weithin akzeptierten Recht werden zu lassen. Bismarck geriet mitten in einen „systemtypischen Verfassungskonflikt"[8], dessen Lösung nur die Sicht der Soldaten sanktionieren und damit einen neuen Meilenstein in der konservativen Interpretation des preußisch-deutschen Konstitutionalismus setzen konnte. Folgerichtig entsprachen diesem Weg die Verfassungskonstruktionen von 1867 und 1871.

Eine sehr ausführliche Behandlung findet der Komplex der Stärkung der militärischen Prärogative in den Verfassungen bei O. Becker. Er hebt die für das Verhältnis Armee – Bismarck so wichtige Frage der Genehmigung des Verfassungsentwurfs durch das Ministerium, den König und den Kronrat hervor, die in vielen Darstellungen der Reichsgründung wenig Beachtung gefunden hat. Beckers Feststellung, daß Bismarck bei seiner Redaktion des Entwurfs deutlich von der Sorge getragen war, „ihn den preußischen Gewalten annehmbar zu machen"[9], hebt stark auf das faktische Gewicht preußischer militärstaatlicher Traditionen ab, und Wilhelm I. hat sich nicht nur für das Mili-

[7] Zur konservativen Sicht z. B. A. Wahl: Beiträge zur Geschichte der Konfliktzeit, 1914; E. Zechlin; E. R. Huber: Deutsche Verfassungsgeschichte seit 1789, Bd. 3, Stuttgart 1963, insbes. S. 24 ff.: Der Konstitutionalismus und die monarchische Autorität; O. Hintze: Das monarchische Prinzip und die konstitutionelle Verfassung (1911), in: O. Hintze: Staat und Verfassung. Gesammelte Abhandlungen zur Allgemeinen Verfassungsgeschichte, Bd. 1, hrsg. v. G. Oestreich, Göttingen, 2. Aufl. 1962, S. 359–390.

[8] Boldt, S. 124.

[9] Becker, S. 279.

tärwesen interessiert. Allerdings lag hier der Schwerpunkt für ihn und für die hinter ihm stehende Armee. Bismarck sah sich hier einem starken „preußisch-dynastischen Partikularismus" gegenüber. Die ausführlichste neuere Darstellung dieser Fragen, nämlich O. Beckers Werk, legt aber das Hauptgewicht auf die Herausarbeitung der Position Preußens gegenüber den anderen Bundesstaaten. Die innenpolitische Bedeutung der Stärkung der Kommandogewalt im Verfassungswerk kommt weniger in den Blick. Sie ist auch in anderen Darstellungen weniger beachtet, meist nur als Faktum festgestellt worden. E. R. Huber widmet dieser Frage bei der Behandlung der Verfassung des Norddeutschen Bundes ebenfalls nur einen kurzen Blick.

Wie weit Bismarck den „preußischen Gewalten" entgegenzukommen bereit war, behandelt kurz M. Messerschmidt.[10] Der Verfassungsentwurf hätte auf militärischem Gebiet den Konstitutionalismus beseitigt. Er sah die Festlegung der Präsenz auf zehn Jahre vor. Das Bundeskriegswesen war unter den Gesetzgebungskompetenzen nicht erwähnt. Die Armee war vollkommen unter königliches Verordnungs- und Befehlsrecht gestellt worden. Mit der Durchsetzung dieses Vorhabens wäre der Triumph der Armee perfekt gewesen. Sie wäre stärker als nach der preußischen Lösung von 1850 neben die Verfassung gestellt worden. Damit konnte möglicherweise der Indemnitätseffekt aufs Spiel gesetzt werden. Nach Auffassung der Liberalen überantwortete der Verfassungsentwurf die Militärangelegenheiten „nach Art der Lex regia dem unverantwortlichen Bundesfeldherrn". Bismarck wollte – oder konnte – beim Heerwesen keinen parlamentarischen Einfluß gebrauchen. Sein Versuch, die nationale Frage gegen innenpolitischen Widerstand auszuspielen, mißlang am Ende teilweise. Die Norddeutsche Bundesverfassung nahm definitiv das Militärwesen unter die Gesetzgebungskompetenz des Bundes auf, die Militärdiktatur wurde vermieden,

[10] Messerschmidt: Die Armee in Staat und Gesellschaft, S. 96 f.; sowie in dem 1975 erscheinenden Abschnitt 1814–1890 im Handbuch zur deutschen Militärgeschichte.

aber Artikel 4 stellte sicher, daß bei Gesetzesvorschlägen über das Militärwesen im Bundesrat Preußens Stimme in jedem Fall den Ausschlag gab, wenn sie sich „für die Aufrechterhaltung der bestehenden Einrichtungen" aussprach. Das bedeutete die Verewigung des preußischen Systems.

Der Generalstabschef v. Moltke suchte im verfassunggebenden Reichstag des Norddeutschen Bundes eine automatisch greifende Regelung des Militärbudgets nach Ablauf der bis Ende 1871 gefundenen Kompromißlösung zu erreichen. Bismarck stellte sich hinter ihn: Die Sicherstellung der Heereseinrichtungen sei Voraussetzung der Annahme der Verfassungsbeschlüsse. Im Ergebnis kam dann Moltke durch. Auch nach 1871 konnte die Armee von der gegebenen Präsenzstärke und Finanzierung ausgehen, bis ein Haushaltsgesetz zustande kam. Am Anfang der Quinquennate und Septennate waren damit der Verfassungskonflikt und die Anwendbarkeit der bewährten Lückentheorie mit eingeplant.

Konservative Verfassungstheoretiker erblicken in dieser Lösung einen „verständigen Kompromiß". Danach räumte die Regelung „dem Parlament das Mitbestimmungsrecht bei der künftigen Heereseinrichtung ein, sicherte die bestehende Militärorganisation aber gegen ein staatsrechtliches Vakuum und schränkte auf diese Weise neue Konfliktmöglichkeiten erheblich ein" [11]. Eben diese Interpretation hebt konservative Historiker von den Vertretern des Primats der Innenpolitik ab, weil von den Interessen der Armee her argumentiert wird. Das parlamentarische Budgetrecht mußte durchaus nicht zu einem Vakuum für die Armee führen. So hat die militärische Führung in Preußen-Deutschland es zwar angesehen und damit wesentliche Vorbehalte gegen den Verfassungsstaat zum Ausdruck gebracht. Aber ein solches Mißtrauen bezeichnet alles andere als den Normalzustand von Kompetenzabgrenzungen in der konstitutionellen Monarchie. Die Auffassung Hubers beruht auf der positiven politischen Wertung des monarchischen Militär- und

[11] Huber, Bd. 3, S. 664.

Nationalstaats, wie sie vergleichbar Otto Hintze 1911 vorgenommen hat. Preußen war eben ein „im eminenten Sinne militärischer Staat" und ebenso wie das Reich durch die allgemeine politische Lage gezwungen, „es auf absehbare Zeit zu bleiben" [12]. Die Wertung der Wehrverfassung innerhalb der Reichsverfassung von 1871 läßt in der Verfassungsgeschichte Hubers noch etwas von jener Faktizität spüren, die die militärische Einflußnahme auf Bismarcks Werk wie auch Bismarcks Politik selbst geschaffen haben. Um der „Reichseinheit" und „Reichssicherheit" willen waren danach der „Gliedstaatsgewalt" wie der „Parlamentsgewalt" im militärischen Bereich „enge Grenzen gesetzt". Aber Bismarck sei es gelungen, in drei Kriegen den Vorrang der politischen vor der militärischen Gewalt in wiederholten Konflikten durchzusetzen. Das eben ist die Frage. Die Forschung hat ihn im wesentlichen nur für das Gebiet der Außenpolitik in der Bismarck-Ära nachweisen können. Huber selbst schränkt insoweit ein, daß der von ihm konstatierte Vorrang der politischen Gewalt durch die Verfassung selbst nicht abgesichert worden sei. Gegen Gerhard Ritter wendet Huber wohl mit Recht ein, daß die zivile Gewalt nicht schlechthin mit der politischen gleichgesetzt werden könne. Es könne daher eigentlich nicht der Vorrang der zivilen vor der militärischen Gewalt gefordert werden, beide stünden vielmehr unter dem Vorrang der Politik. Aber es wird bei Huber nicht ganz klar, was dieser Satz soll. So hebt er ab auf einen „begrenzten Bereich existentieller Vorbehaltsrechte", auf den sich das „monarchische Prinzip des Reichskonstitutionalismus" konzentriert habe. Hier führt er die auswärtige Gewalt, die Militärgewalt, sowie die in Konflikt- und Krisenlagen gegebene Ausnahmegewalt [13] an. Das Wesen des Staates enthüllt sich nach Huber am stärksten da, wo er sichtbar

[12] Hintze, S. 377.
[13] E. R. Huber: Die Bismarcksche Reichsverfassung im Zusammenhang der deutschen Verfassungsgeschichte, in: Reichsgründung 1870/71. Tatsachen – Kontroversen – Interpretationen, hrsg. v. Th. Schieder und E. Deuerlein, Stuttgart 1970, S. 164–196 (188).

Macht ausübt: das Militär besitzt hier eben doch die Sonderstellung, die Ritter in den Mittelpunkt seiner großen Untersuchung gestellt hat. Hubers Argumentation für den Sonderstatus der Armee leitet sich aus einer bei ihm nicht weiter befragten „Natur der Sache" ab. Obwohl die gesamtstaatliche Souveränität des Reiches im wesentlichen auf der Wehrhoheit beruhte, konnte die Armee nicht vom Parlament abhängig gemacht werden: „So bedeutete auch der verfassungsrechtliche Sonderstatus, den die Armee im konstitutionell-monarchischen Bundesstaat innehatte, nicht von vornherein eine schlechthin unüberbrückbare Antinomie der Staatsordnung" [14] – dies gegen C. Schmitt.

Demgegenüber weist Gerhard Ritter auf die Auswirkungen des verfassungsmäßigen Konstruktionsmangels hin. Gerade weil Bismarck den Spielraum der Armee nicht einschränken konnte, gerade weil die „freie Sphäre" der Kommandogewalt unterhalb der monarchischen Staatsspitze den führenden Soldaten wichtige Einflußmöglichkeiten bot, ist es zu immer neuen „politisch-organischen und staatsrechtlichen Problemen" gekommen, die, so Ritter, „bis in den Kern aller Problematik des preußischen und deutschen Verfassungsstaates von 1848 bis in den Weltkrieg" [15] hineinreichten. Der Mangel an Einheitlichkeit in der militärischen Führung wie Gegensätze zwischen militärischer und ziviler Leitung wuchsen sich zum „inneren Schaden" in einer Größenordnung aus, die die Widerstandsfähigkeit des Kaiserreiches entscheidend berührte.

Ähnlich urteilt Craig über die Auswirkungen der im Interesse der Armee in die Verfassung eingebauten Konstruktionsmängel.

[14] Huber: Deutsche Verfassungsgeschichte, Bd. 3, S. 990.
[15] Staatskunst und Kriegshandwerk, Bd. 1, S. 207. G. W. F. Hallgarten: Das Schicksal des Imperialismus im 20. Jahrhundert. Drei Abhandlungen über Kriegsursachen, Frankfurt a. M. 1969, S. 11, spricht, gar nicht so weit von Ritters Auffassung entfernt, sogar von der Furcht Bismarcks, „der Druck der Militärs . . ." könnte die Grundlagen seiner politischen Schöpfung erschüttern. Hallgarten urteilt im übrigen über die deutsche konservative Historie äußerst scharf (S. 68 ff.).

Die militärische Führung bekam dadurch immer mehr Appetit auf den Ausbau der Sonderstellung der Armee, so daß ein Dauerkonflikt mit dem Parlament erzeugt wurde: "Within three years of the ceremony at Versailles, which crowned the unification of Germany, the old conflict had been renewed, – and it continued with mounting intensity until the outbreak of war in 1914." [16]

Die liberale Geschichtsschreibung urteilt in dieser Frage ebenso, bei Differenzierungen im einzelnen. Ihr Staatsverständnis geht im Gegensatz zu Huber von den Rechten des Parlaments aus, und so hat sie das Spannungsfeld Reichstag – Armee, das die Reichsverfassung von vornherein in der Budgetfrage angelegt hatte, zu einem ihrer Hauptforschungsgebiete gemacht. Dabei behandelt sie eingehend die Versuche militärischer Einflußnahme, den gegebenen Freiraum der Kommandogewalt auszubauen, den Kriegsminister mattzusetzen und die politischen Initiativen der Armee beim Militärkabinett und beim Generalstab zu konzentrieren.[17] Ein Ansatz, den auch G. Ritter für ausschlaggebend ansieht. Er ist in knapper Form auch von Hans Herzfeld 1946 benutzt worden, wenn auch im wesentlichen eingeschränkt auf den Bereich außenpolitischer Kontroversen. In starker Raffung faßt Herzfeld das Ergebnis der militärisch herbeigeführten Einigung, einschließlich der Reichsverfassung, dahingehend zusammen, daß das Ringen des 19. Jahrhunderts um eine Durchdringung Preußens mit liberalem Geist mit „einem weitgehenden Sieg der militärischen Tradition geendet" habe.[18] Im verfassungspolitischen Raum bedeutete diese Tradition soviel wie die Überbetonung der Beziehung Monarch – Armee unter möglichster Ausschaltung des Parlaments aus diesem Kernbereich staatlicher Ordnung. So hat selbst ein eher zurückhaltender Offizier und überlegener militärischer Denker

[16] Craig, S. 218.

[17] Vgl. näher E. Eyck: Bismarck, Bd. 3, etwa die Ausführungen zur Geschichte des Reichsmilitärgesetzes von 1874, S. 65 ff.

[18] Herzfeld: Der Militarismus als Problem der neueren Geschichte, S. 56.

wie Helmuth v. Moltke gedacht und in diesem Sinne gehandelt. Auf diese Züge in der Denkweise Moltkes macht auch Eberhard Kessel in seiner umfassenden Moltke-Biographie aufmerksam [19], dessen Problemverständnis im Hinblick auf das Verhältnis Bismarck – Moltke G. Ritter „in gewissem Sinn" als „Verharmlosung" empfunden hat [20].

Aus den Forschungen Ritters, Kessels, vor allem auch der Bismarck kritisch beleuchtenden liberalen Geschichtsschreibung wird aber auch klar, daß die gegen das Parlament steuernde innenpolitische Einflußnahme der Armee häufig vom Leiter der Politik unterstützt worden ist. Hier wird der Gegensatz „Zivil" – „Militär" überlagert von der Interessenidentität der konservativen Führungsgruppen des Reiches.

Wolfgang Sauer sieht in seiner Studie ›Das Problem des deutschen Nationalstaats‹ die Unfertigkeit des kleindeutschen Kaiserreiches als eine wesentliche Ursache zahlreicher Probleme des Bismarck-Staates an. Diese Unfertigkeit zwang zur ständigen Erneuerung des Kampfkurses, wobei der Kanzler auf die Armee angewiesen blieb. In der Reichsverfassung steckte als harter Kern die preußische Militärmonarchie. Aber so weitgehende Feststellungen wie: „Unter der Decke des komplizierten Systems der konstitutionellen Monarchie war der vom preußischen Offizierkorps errichtete und fast unumschränkt beherrschte Militärstaat der harte Kern des Gesamtstaates" [21], bleiben thesenhaft. Es wird auch nicht deutlich, in welchem Verhältnis die „Grenzen" von Bismarcks Regime zueinander standen. Als Grenzen in diesem Sinne bestimmt Sauer Bismarcks Abhängigkeit von den Militärs und – noch wichtiger – die „soziale Starrheit" des Systems. Beide Momente gehören zusammen. Wenn aber, was als gesichert gelten kann, Bismarcks Konzeption auf der Condition sine quo non beruhte, „daß das Verhältnis

[19] E. Kessel: Moltke, Stuttgart 1957, vgl. etwa S. 633.
[20] Ritter, Nachwort zur 2. Auflage von Staatskunst und Kriegshandwerk, Bd. 1.
[21] Sauer, Problem des deutschen Nationalstaats, S. 431 f.

zwischen den demokratisch-konstitutionellen Kräften einerseits und den konservativ autoritär-monarchistischen ... im wesentlichen unverändert bleibe", so bleibt fraglich, ob Bismarck sich überhaupt aus der Abhängigkeit von den Militärs lösen wollte, die ja doch die soziale Festlegung garantieren sollten. Mit anderen Worten: das Verhältnis militärische – politische Führung in der Innenpolitik wird von Sauer teils auf verfassungsmäßige, teils auf politisch-taktische Zusammenhänge zurückgeführt, ohne daß der Grad militärischer Einflußmöglichkeiten im einen wie im anderen Bereich klar würde. Als wesentliche, aber unpräzise, weil zu globale Feststellung bleibt der Hinweis, daß neben dem Militärstaat die Sozialdemokratie einen zweiten Staat im Staat gebildet habe. Die Verfassungswirklichkeit des Kaiserreiches ist zunehmend vom Zwang zur sekundären Integration geprägt worden – und hier ergaben sich systembedingte Einflußmöglichkeiten der Armee, die zeigen, daß das Verhältnis der militärischen zur politischen Führung über den Rahmen von Kompetenzfragen hinaus ein elementar politisches, in der Verfassung nur unzureichend zum Ausdruck gekommenes Problem war, das durch die Aufdeckung von Gegensätzen vielleicht weniger erhellt werden kann als durch die Darlegung der gemeinsam betriebenen Krisenstrategien.

An dieser Stelle setzten die moderne Imperialismusforschung (Wehler) und die weiteren sich mit dem Problem der Systemstabilisierung beschäftigenden Arbeiten ein.[22] Diese Ansätze

[22] Besonders zu nennen sind: H.-U. Wehler: Bismarck und der Imperialismus, Köln 1969 (zit.: Imperialismus); ders. (Hrsg.): Moderne deutsche Sozialgeschichte, Köln 1966; ders.: Krisenherde des Kaiserreichs 1871–1918. Studien zur deutschen Sozial- und Verfassungsgeschichte, Göttingen 1970. M. Stürmer: Staatsstreichgedanken im Bismarckreich, in: HZ 209, 1969, S. 566–615 (zit.: Staatsstreich); ders.: Das kaiserliche Deutschland. Politik und Gesellschaft 1871–1918; Düsseldorf 1970; ders.: Bismarck und die preußisch-deutsche Politik 1871–1890, München 1970 (= dtv Dokumente 692). V. R. Berghahn: Der Tirpitz-Plan. Genesis und Verfall einer innenpolitischen Krisenstrategie unter Wilhelm II., Düsseldorf 1971. Berghahns Buch ist von

sind nur im Verfolg der politischen Strategien im Bismarckreich und in der wilhelminischen Zeit deutlich zu machen. Für die wilhelminische Zeit ist Berghahns Arbeit über den Tirpitz-Plan die überzeugendste Leistung dieser Richtung. Im Rahmen der Frage nach dem Standort der bewaffneten Macht in der Verfassung des Kaiserreichs wird ihre quasi extrakonstitutionelle Stellung wesentlich als Hebel für die Bewahrung des politischen und sozialen Status quo gesehen. Dagegen werden militärisch-zivile Kompetenzprobleme zu Randfragen. Berghahns Untersuchung bietet reichhaltiges Material für die innenpolitischen Strategien der Marineführung. In der verfassungspolitischen Standortbeurteilung der bewaffneten Macht schließt er sich stark an Wehler und Stürmer, grundsätzlich an Eckart Kehr an. Wie die Armee deshalb ausschließlich der Kommandogewalt des Obersten Kriegsherrn unterstand, weil sie im System von 1871 als ultima ratio nach innen und als latentes Drohmittel jederzeit verfügbar sein mußte [23], so war das maritime Machtinstrument „zugleich" für eine erneute „und diesmal als endgültig gedachte Stabilisierung des Herrschaftssystems" ins Auge gefaßt [24]. Permanente Strukturkrisen des Reiches gaben der bewaffneten Macht diese verfassungs- und sozialpolitische Stützfunktion, die im wesentlichen als negativer Reflex unzeitgemäßer Strukturen erfaßt wird. Stürmer faßt diesen Sachverhalt unter dem Gesichtspunkt der Permanenz der Staatsstreichdrohung [25], die er sehr differenziert behandelt. Im Anschluß an Pöls weist er dar-

allen diesen Arbeiten am umfänglichsten durch militärische Quellen abgesichert (zit.: Tirpitz-Plan). Eine – unter vielen – kritische Besprechung hat H. Herzfeld in: MGM 1/72, S. 196–199, geliefert.

[23] Tirpitz-Plan, S. 17. Hinsichtlich der Anlehnung an Wehler und Kehr vgl. auch V. R. Berghahn: Der Tirpitz-Plan und die Krisis des preußisch-deutschen Herrschaftssystems, in: Marine und Marinepolitik im kaiserlichen Deutschland 1871–1914, hrsg. v. Militärgeschichtlichen Forschungsamt durch H. Schottelius und W. Deist, Düsseldorf 1972, S. 89 ff. (zit.: Tirpitz-Plan und Krisis).

[24] Tirpitz-Plan, S. 18.

[25] Stürmer: Staatsstreich, S. 566 ff.

auf hin, daß der Staatsstreichgedanke „vielfach ausschließlich taktischen Charakter" hatte, zum anderen, daß er in einigem Zusammenhang mit der Revolutionsfurcht als „ideologische Dominante des deutschen Konstitutionalismus" zu sehen sei, was ihn ja mit Grundstimmungen des Offizierkorps zusammenbringt, die seit 1848 vorhanden waren. Die relevante Phase dieser permanenten Staatsstreichdrohung ist aber, auch nach Stürmer, um das Jahrhundertende vorbei. Sammlungspolitik und Weltpolitik werden zu wichtigen Instrumenten.

Eben dieser Gesichtspunkt der permanenten Krisenabwehrfunktion, der ständigen innenpolitischen Unrast, Unsicherheit im Verfassungsgehäuse mit der Folge primärer Balancesicherungsaufgaben der bewaffneten Macht zur Aufrechterhaltung eines labilen Gleichgewichts, hat Kritik hervorgerufen. Herzfeld weist der militärischen Zielsetzung der Flottenrüstung und damit indirekt der außenpolitischen Aufgabenstellung der bewaffneten Macht größeren Rang zu. Ihm wird zur Frage, ob sich tatsächlich die Lebensfähigkeit des Herrschaftssystems nur noch durch die stabilisierende Rolle der Streitkräfte, der Rüstung „künstlich verlängern" ließ.[26] Er fürchtet, daß die hervorstechende Betonung des Moments der innerpolitischen Krisenstrategie „letzten Endes doch fragwürdig bleibt". Demgegenüber scheint ihm der Interdependenz zwischen Innen- und Außenpolitik größeres Gewicht zuzukommen.

Für den Zusammenhang Verfassung–Militär genügt dieser kurze Aufriß der Standpunkte, um deutlich zu machen, wo und wie die Überflügelung älterer Forschungsansätze in diesen neuen Richtungen erfolgt ist. Nicht zu übersehen ist ihr hypothetischer Diagnosegehalt da, wo die Brüchigkeit der Verfassungsordnung so stark unterstrichen wird, daß Armee, Marine und Rüstungspolitik als unabdingbare Klammer bezeichnet werden, ohne deren systemstabilisierenden Effekt die Grundlagen des Bismarckreiches auseinandergefallen wären. Berghahn vermeidet eine Akzentsetzung in dieser Stärke. Nach ihm war es

26 H. Herzfeld, MGM 1/72, S. 196.

44

„zumindest zweifelhaft", jedenfalls nicht ausgemacht, ob bei einer anderen Lösung der Oberkommando-Problematik „die Krone und die sie stützenden Führungsgruppen ihre innenpolitische Vormachtstellung behaupten konnten [27]. Berghahn relativiert gelegentlich die Krisengefahr, wenn er von der „vermeintlichen" Parlamentarisierungs- und Revolutionsgefahr Mitte der neunziger Jahre spricht. Damit wird das Staatsstreichproblem ins Subjektive gewendet.[28] Stürmer geht etwas weiter mit der Feststellung, „die Drohung mit der Verfassungsrevision von oben gehörte zu den verdeckten, aber um so wirksameren Bestandteilen der konstitutionellen Verfassung" [29]. Stürmer wendet sich gegen die These von Werner Pöls, wonach der Staatsstreichplan vom Frühjahr 1890 nur als Defensivwaffe gedacht war, daher nicht als „Staatsstreichabsicht", sondern nur als „Staatsstreichbereitschaft" klassifiziert werden könne.[30] Wo aber die Staatsstreichdrohung zum permanenten Krisenregulator des Staates und seiner Organisation erhoben wurde, da stellt sich die Frage des militärischen Einflusses auf das Verfassungsleben ganz von selbst. Belagerungszustand, Barrikadenkampf, Bereitschaft der Armee für den Einsatz im Innern, alles das ist seit 1861 ins Auge gefaßt worden. So gewinnt die These von der Rolle der Armee als Faktor der Systemstabilisierung inneres Gewicht [31], zumal Heeresvermehrungen in diesem Zusammenhang eine prominente Rolle spielten. Und noch in der Entlassungskrise 1890 bildete bei aller gegensätzlichen Taktik Bis-

[27] Tirpitz-Plan, S. 593.

[28] Zur subjektiven Wendung vgl. Berghahn: Tirpitz-Plan, S. 593 und – etwas abgeschwächt – G. W. F. Hallgarten: Das Schicksal des Imperialismus im 20. Jahrhundert, S. 11.

[29] Stürmer: Staatsstreich, S. 614.

[30] W. Pöls: Sozialistenfrage und Revolutionsfurcht in ihrem Zusammenhang mit den angeblichen Staatsstreichplänen Bismarcks, Lübeck 1960, S. 15 (= Historische Studien H. 377).

[31] S. dazu auch J. C. G. Röhl: Staatsstreichplan oder Staatsstreichbereitschaft. Bismarcks Politik in der Entlassungskrise, HZ 203, 1966, S. 610–624.

marcks und seiner Gegner der Entwurf des Kriegsministeriums für einen Erlaß zur Bekämpfung der Sozialdemokratie den harten Kern für ein etwaiges „Krisenmanagement".

Einblicke in die tatsächliche Stabilität der Verfassungsordnung bei all ihrer inneren Unausgewogenheit werden von der neueren Forschungsrichtung aber kaum geboten. Hier sind noch weitere Fragen zu stellen und zu lösen.

Ein entscheidender Gesichtspunkt für die Erfassung der Rolle der militärischen Führung im Kaiserreich ist der einer im Herrschaftssystem angelegten Doppelspitze unter dem Kaiser. Hierauf weist eine Reihe von Autoren hin. Gerhard Ritter baut sein großes Werk ganz auf diesen Problemkreis auf. Unter Bismarck war nach ihm der Vorrang der zivilen Gewalt vor der militärischen „niemals ernstlich in Frage gestellt"[32], aber noch vor Ausbruch des Weltkriegs habe sich gezeigt, daß die politische Gewalt verfassungsrechtlich kein so eindeutiges Übergewicht über die militärische besaß, um diese auf Distanz und in Abhängigkeit halten zu können. Wilhelm II. sah in der „eigentümlichen Wehrverfassung" des Reiches die Basis für persönliche Herrschaft. Dadurch wurde der Prozeß der Versachlichung des persönlichen Herrschertums „ungebührlich" verzögert.

Das Problem der Doppelspitze wird von anderen Autoren nicht nur in dieser Gegenüberstellung von Zivil und Militär gesehen, die sicherlich ein Problem der Reichsverfassung und der Verfassungswirklichkeit gewesen ist, zumal wo der Kaiser nicht in der Lage war, die ihm zukommenden Koordinierungsfunktionen wahrzunehmen. So trat etwa in dem Versagen Wilhelms II. in der Zabernaffäre, in der er sich vor die Militärgewalt stellte, die „strukturelle Brüchigkeit des wilhelminischen Scheinkonstitutionalismus" zutage.[33] Die tiefersitzende Ursache

[32] Staatskunst und Kriegshandwerk. Das Problem des „Militarismus" in Deutschland, Bd. 2: Die Hauptmächte Europas und das wilhelminische Reich (1890–1914), München 1960, S. 148.

[33] Dazu etwa H.-U. Wehler: Symbol des halbabsolutistischen Herrschaftssystems: Der Fall Zabern von 1913/14 als eine Verfassungskrise des wilhelminischen Kaiserreichs, in: ders.: Krisenherde des Kaiser-

der Durchsetzung militärischen politischen Denkens und Handelns lag darin, daß die Armee in der innen- und außenpolitischen Lage des Reiches eine Garantiestellung erhielt, die nach Auffassung der Militärs immer wieder zu unterstreichen war, weil sie nicht als allgemeinverbindlich und selbstverständlich hingenommen wurde. Diese Differenz lag aber nicht zwischen politischer und militärischer Führung, jedenfalls nicht generell und prinzipiell, sondern zwischen den Repräsentanten des Staates und großen gesellschaftlichen Gruppen, die sich im Kaiserreich nicht zureichend vertreten fühlten. Die militärisch vollendete „Revolution von oben" hatte keine, wie Wehler es formuliert, „allgemein verbindliche Legitimationsbasis" geschaffen. Michael Stürmer knüpft an seine in ähnliche Richtung gehende Analyse, in Anlehnung an Arthur Rosenberg [34], die Feststellung, Bismarck habe die auseinanderstrebenden Kräfte der „Übergewalt" des Kaisertums unterordnen wollen, um so der Alternative auszuweichen, die seine Schöpfung stets in Frage zu stellen schien: dem Weg zur parlamentarischen Demokratie oder dem militärisch-konservativen Staatsstreich [35]. Die Frage der Verfügung über die Armee spielte in all diesen Alternativen die entscheidende Rolle, mit ihr die Haltung und der Spielraum der Armee.

In einer wichtigen Hinsicht führen neuere Arbeiten wie die von Wehler, Stürmer, Böhme über den Standort der größeren, ganz dem Thema Militär und Politik gewidmeten Werke von Craig und Ritter hinaus, nämlich darin, daß das, was unter den Begriff des bonapartistischen Systems gebracht wurde, thematisch behandelt wird. Hier liegen starke Anknüpfungen an

reichs 1871–1918, S. 81. Zur historischen Würdigung des Zabern-Falles s. a. H.-G. Zmarzlik: Bethmann Hollweg als Reichskanzler 1909–1914, Düsseldorf 1957, S. 114 ff. (= Beiträge z. Gesch. d. Parlamentarismus und der politischen Parteien, Bd. 11).

[34] A. Rosenberg: Entstehung der Weimarer Republik (1928), Frankfurt 1961, S. 13 (= Sammlung „res novae", Bd. 8).

[35] Stürmer (Hrsg.): Bismarck und die preußisch-deutsche Politik 1871–1890, S. 34.

Arthur Rosenberg und Eckart Kehr vor. Als Hinweis genüge der Gesichtspunkt des Primats der Innenpolitik. Wichtig ist aber festzuhalten, daß Ritters Darstellung eine ganze Fülle von Hinweisen und Belegen auch für diesen Forschungsansatz enthält. Das Militär wird dabei mehr auf seine systemstabilisierenden innenpolitischen Strategien befragt, die ja höchstens in Zeitplanung und Taktik, aber nicht grundsätzlich von Bismarck abwichen. Dissonanzen über Außenpolitik werden dabei sekundär, weil auch sie nur Unterschiede in der Lagebeurteilung, nicht aber im Ziel der Erhaltung der Struktur und der sozialen Trägerschaft der konstitutionellen Monarchie signalisierten.

H.-U. Wehler hat vielleicht die Zusammenhänge von außen- und innenpolitischer Strategie am stärksten in den Problemkreis „Sozialimperialismus" und „Primat der Innenpolitik" gestellt. Er ist hier auch in der Thesenstellung am weitesten vorangegangen.[36] Bismarck erblickte in dem „halbabsolutistisch dirigierten, parlamentsautonomen Militärapparat" einen der wesentlichen Garanten der dauerhaften Sicherheit des großpreußischen Reiches. Die Armee übte zusammen mit den „traditionell privilegierten Führungsschichten" Herrschaft aus für den Obrigkeitsstaat.

Fritz Fischer [37] unterstreicht ebenfalls die Garantiestellung der Armee für die Absicherung der konservativen Kräfte im Kaiserreich. Die direkte Unterstellung unter den Monarchen betrachtet er als den Hauptgrund dafür. Insgesamt aber tritt die bewaff-

[36] Insbes.: Bismarck und der Imperialismus, hier vornehmlich S. 423 ff.

[37] F. Fischer: Griff nach der Weltmacht. Die Kriegszielpolitik des kaiserlichen Deutschland 1914/18, Düsseldorf, 1. Aufl. 1961, 3. Aufl. 1964; insbes. Einleitung 1. Kapitel; eine neu bearbeitete Sonderausgabe erschien 1967, und ders.: Krieg der Illusionen. Die deutsche Politik von 1911 bis 1914, Düsseldorf 1969, insbes. 2. Kapitel: Die Vorherrschaft von Junkertum und Großindustrie. Konservative Ordnung und sozialistische Bedrohung, S. 40 ff. Unter vielen anderen sei die sehr ausführliche Besprechung von A. Hillgruber genannt, in: MGM 2/70, S. 206–212. Hillgruber spricht (S. 208) von der „verfehlten Anlage" des Buches.

nete Macht als ein eher passiver Faktor zurück, eben als Kraft, die jederzeit verfügbar blieb, die aber in den von wirtschaftlichen und industriellen Interessen bestimmten Krisen als Macher der Politik wenig Ansatzmöglichkeiten hat. Diese Rolle erhält die Armee im übrigen auch bei Wehler, weniger bei den Historikern, die stärker den Staatsstreichkomplex in den Mittelpunkt zu rücken geneigt sind. Nur punktuell, etwa im Falle Zabern, wird helleres Licht auf die Rolle der Armee in Verfassung und Politik geworfen. Aufgrund der erhaltenen Bestände des Marinearchivs konnte dagegen Berghahn für die Marine eine aktivere Rolle nachweisen.

Im wesentlichen stehen sich damit, wenn auch in sich nuanciert, zwei Auffassungen über den Standort der bewaffneten Macht in Verfassung und Politik gegenüber: Ritters These vom Übergewicht der politischen Gewalt über die militärische in der Bismarck-Ära und die um Bonapartismus und Krisenstrategiezusammenhänge angesiedelte Betrachtungsweise, für die Armee, Offizierkorps, Offizieradel, die ganze Struktur des preußischen Militärstaats der harte Kern im Kaiserreich bleibt, dessen sich Bismarck bediente, den er aber nicht beherrschte. Ja der Kompromiß zwischen dem liberalen Bürgertum und dem „preußischen Militäradel" (Rosenberg) ist nicht eigentlich die Ursache für viele Entwicklungshindernisse, sondern die Form des Kompromisses, nämlich das „bonapartistische Selbstherrschertum" und die repressive Tendenz, die der Armee in der Verfassungsordnung zugedacht war.

Demgegenüber ist festzustellen, daß Bismarcks „Bonapartismus" in der Hauptsache von der inneren Konstruktion des Reiches bedingt war. Ohne die Armee und ihre traditionelle Stellung wäre ein derartiges politisches System nicht nötig und wohl auch nicht möglich gewesen. Das gilt auch für die Rolle Wilhelms II., ob man der These von seinem „persönlichen Regiment" [38] folgt oder nicht. So bleibt die Frage, die allerdings nur

---

[38] S. dazu E. Eyck: Das persönliche Regiment Wilhelms II. Politische Geschichte des deutschen Kaiserreichs von 1890 bis 1914, Zürich

49

Nuancen im Forschungsansatz berührt, ob die bewaffnete Macht konstruktionell einem Herrschaftssystem, das auf Bewahrung seiner ökonomischen und soziologischen Struktur bedacht war, eingepaßt worden ist oder ob diese Konstruktion auf der traditionellen Position der Armee in Staat und Gesellschaft aufbaute. Je nach der Antwort muß der Armee ein größeres oder geringeres Gewicht in Verfassung und Politik zugesprochen werden. Das Verhältnis Armee – Bismarck wird darin berührt sowie der Charakter des Bündnisses zwischen Bürgertum und den alten konservativen Führungsschichten.

Die geschichtswissenschaftliche Forschung in der DDR ist in der Beurteilung der Position und Einflußmöglichkeit der Armee im Rahmen der Reichsverfassung in sich wenig nuancenreich, gelegentlich widerspruchsvoll. Selbst innerhalb einzelner Darstellungen läßt sich mangelnde Konsequenz feststellen, obwohl die Orientierung an den Grundsätzen der klassischen Lehrmeister Marx und Engels einen gewissen Schematismus erkennen läßt. Die „Unruhe" bringt offenbar Bismarck in das Bild.

Ernst Engelberg stellt in seiner Behandlung des Zeitabschnitts von 1871 bis 1897 [39] fest, dem Reichskanzler habe „ein riesiger und komplizierter Machtapparat" zur Verfügung gestanden. Damit konnte er die von Engels formulierten Wege einschlagen [40]: nicht den Kurs auf die völlige Verpreußung Deutschlands, „der zum Scheitern verurteilt war", sondern den auf „die bloße Erhaltung der Herrschaft Bismarcks". Diesen Weg „einer besonderen Form einer bonapartistischen Diktatur" wählte er.

1948; ferner: Stürmer: Staatsstreich, S. 574, mit dem Hinweis auf die Ablösung des Systems permanenter Staatsstreichdrohung durch das persönliche Regiment, durch die Sammlungspolitik; wichtig auch J. C. G. Röhl: Germany without Bismarck, London 1967, und W. Sauer: Problem des deutschen Nationalstaats.

[39] E. Engelberg: Deutschland von 1871 bis 1897. Deutschland in der Übergangsperiode zum Imperialismus, Berlin 1967 (zit.: Deutschland 1871–1897).

[40] Engelberg beruft sich auf „Die Rolle der Gewalt in der Geschichte", MEW 21, S. 454.

Aber „wie immer beim Bonapartismus" habe – wiederum nach Engels – die wesentliche Regierungsgewalt in den Händen „einer besonderen Offiziers- und Beamtenkaste" gelegen.[41] An der Spitze des „Militärdespotismus" oder „Bonapartismus" standen Kaiser Wilhelm I., der tatsächlichen Macht nach Bismarck, der Moltke gleichsam als seinen militärischen Adjutanten neben sich hatte. Das Heer war Hauptzweck des Staates. Das „politische System" der Reichsverfassung bleibt mit diesen Aussagen hinsichtlich der Innehabung von Macht im ungewissen. Ob nun der Kanzler oder die Armeeführung das letzte Wort hatte, läßt sich nach Engelberg so oder so beantworten. Die Vermittlung der Armeeinteressen wird in ihrer Problematik – z. B. die Stellung des preußischen Kriegsministers – nicht näher behandelt. Engelberg erblickt in den Auseinandersetzungen zwischen Kanzler und Generalstabschef während des Feldzuges in Frankreich einen Kampf um „Positionen in der Machtkonstellation König–Generalstabschef–Kanzler". Bismarck sei angesichts der Stellung Moltkes und Kaiser Wilhelms I. im politischen System des preußisch-deutschen Kaiserreiches immer wieder gezwungen gewesen, um „seine beherrschende Stellung zu kämpfen"[42].

Streisand geht in seiner ›Deutschen Geschichte‹ über diese Interpretation nicht hinaus. Bismarck errichtete eine „bonapartistische Diktatur". Das Reich wird nach Karl Marx als polizeilich gehüteter Militärdespotismus charakterisiert.[43] Der Armee kommt die Rolle zu, den inneren Zusammenhalt zu garantieren „als Instrument zur Abwehr der Ansprüche der demokratischen und sozialistischen Bewegung" und die Möglichkeit für Großmachtpolitik offenzuhalten. Im ganzen tritt aber die bewaffnete Macht als direkter Faktor in Verfassung und Politik zurück. Sie wird stark auf ihre instrumentale Rolle für die Bewahrung von Klasseninteressen auf der Grundlage des Kompromisses zwischen

[41] Deutschland 1871–1897, S. 14.
[42] Deutschland 1871–1897, S. 21.
[43] So auch H. Bartel: Zur historischen Stellung der Reichsgründung von 1871 und zum Charakter des preußisch-deutschen Reiches, in: Die großpreußisch-militaristische Reichsgründung 1871, Bd. 2, S. 10.

Junkern und Bourgeoisie zurückgeführt. Die detaillierte Durchführung dieses Ansatzes kann Horst Bartel mit seinem Beitrag ›Zur historischen Stellung der Reichsgründung von 1871 und zum Charakter des preußisch-deutschen Reiches‹ für sich in Anspruch nehmen. Er argumentiert im Rahmen der von Marx, Engels und Mehring vorgegebenen Sehweise. Danach brachte Preußen das Deutsche Reich „in Lebensgefahr". Nach preußischem Herkommen standen der „Militärapparat und seine Verwaltungs- und Planungsorgane . . . fast außerhalb jeder parlamentarischen Kontrolle". Der „Militärapparat und seine Führungsorgane erhielten ein bedeutendes politisches Gewicht bei der Entscheidung aller innen- und außenpolitischen Fragen. Die reaktionäre Militärclique wurde – nicht nur im 19. Jahrhundert – Ausgangspunkt, personeller Träger oder zumindest machtpolitischer und politisch-moralischer Rückhalt aller Staatsstreichversuche und reaktionären Wendungen gegen die Volksmassen". Alles dies war Folge der konterrevolutionären Durchsetzung des Kapitalismus und der militärischen Reichsgründung.

Mit etwas stärkerer Abhebung auf die wachsende Bedeutung des Generalstabs, die Stärkung der extrakonstitutionellen Organe in der Armeeführung und die wachsende innenpolitische Repressionsaufgabe der Armee kommt Herbell zu ähnlichen Schlußfolgerungen, räumt aber ein, daß es der „kaiserlichen Militärpartei" nicht gelungen sei, „quasi noch hinter die Jahre des preußischen Heereskonflikts zurückzugehen und dem neuen Parlamente, dem Reichstag, jeden effektiven Einfluß auf die Armee zu verwehren" [44].

Die von einer Autorengruppe erarbeitete Untersuchung ›Der preußisch-deutsche Generalstab 1640–1965‹ [45] erblickt die Voraussetzung der Konservierung „aller reaktionären Traditionen und Prinzipien des preußischen Militärsystems" im undemo-

---

[44] Herbell, S. 172.

[45] G. Förster, H. Helmert, H. Otto, H. Schnitter: Der preußisch-deutsche Generalstab 1640–1965. Zu seiner politischen Rolle in der Geschichte, Berlin 1966.

kratischen Weg der nationalen Einigung. Als ganz wesentliches Einzelmoment innerhalb des Versöhnungsprozesses zwischen dem bürgerlichen Liberalismus und der preußischen Monarchie mit ihrer „reaktionären Militärverfassung" wird das Erlebnis des Pariser Kommuneaufstandes im Frühjahr 1871 gewertet.

Die Gemeinschaftsarbeit sucht mühsam Fakten und marxistisches Geschichtsverständnis miteinander in Einklang zu bringen: Der „Militarismus" hat vom Kapital den Auftrag übernommen, Demokratie und Sozialismus entgegenzutreten. Unter anderem sei dafür auch bezeichnend gewesen, daß die Reichsverfassung die Kommandogewalt der Krone noch weniger einschränkte als die preußische Verfassung von 1850. Alle Angelegenheiten der obersten Kommandogewalt wurden vom Militärkabinett bearbeitet, das gewaltig an Macht gewann. Albedyll soll die „seinerzeitige Rolle Manteuffels" bei weitem übertroffen haben.[46] Zugleich wird behauptet, das Militärkabinett habe sich infolge des raschen Anwachsens der Armee auf die Entwicklung des Offizierkorps beschränken müssen. Einerseits besaßen die Militärs entscheidenden Einfluß, andererseits gelang es Bismarck, militärische Reichsinstitutionen zu verhindern – kein Reichskriegsminister – zur Absicherung und Stärkung seiner eigenen Machtstellung.

Insgesamt ist zu sagen, daß die ostdeutsche Forschung die exakte Erarbeitung der Rolle der militärischen Führung in der Reichsverfassung und die Behandlung des Verhältnisses von Generalstab, Militärkabinett und Kriegsminister zur politischen Leitung stark vernachlässigt hat. Es werden zwar Interpretationen angeboten, die meist auf Marx, Engels, Mehring und Karl Liebknecht fußen, aber neue Forschungsergebnisse sind selten. Quellengesättigte Darstellungen, wie sie Gerhard Ritter und Volker Berghahn vorgelegt haben, fehlen. Selbst das Gemeinschaftswerk über den Generalstab beruht lediglich auf dem Studium der einschlägigen Literatur und einiger gedruckter Quellen, und die umfassende Darstellung der deutschen Ge-

---

[46] Förster-Helmert-Otto-Schnitter, S. 54.

schichte von 1897 bis 1917 von Fritz Klein [47] widmet der Problematik Militär–Verfassung–Politik nur wenige Seiten, die das „junkerlich-bürgerliche Kondominium" in den Mittelpunkt der Argumentation stellen. Die innere Spannung in diesem Kondominium, das sich um den Militärstaat gruppiert, brachte nach Klein Wilhelm II. mit seinem Auftreten zur Anschauung: „Schließlich trug die Spannung zwischen fortgeschrittenster bürgerlich-kapitalistischer Produktionsweise und der historisch überholten Herrschaftsausübung durch das reaktionäre Junkertum viel zu der schillernden, hektischen und abenteuerlichen Auftrittsweise des deutschen Vorkriegsimperialismus bei. Hierher gehört der Regierungs- und Lebensstil Wilhelms II., der aus zwei Gründen nicht bagatellisiert bzw. als Folge physischer oder charakterlicher Mängel des Kaisers hingestellt werden darf, wie es in der bürgerlichen Literatur weithin geschieht. Einmal bildete das Unstete und Widerspruchsvolle bei Wilhelm II., der einerseits die regis voluntas als suprema lex statuieren wollte und andererseits durch seine enge Freundschaft mit Männern wie Krupp und dem Großreeder Ballin weitgehendes Verständnis für die reale Machtverteilung im modernen imperialistischen Staat bewies, eine exakte Entsprechung der bestehenden junkerlich-bürgerlichen Herrschaft ..." [48]

Im Vordergrund dieser Arbeiten steht die politische Motivation. Bestrebt, der Armee und ihrer Politik innerhalb der ökonomisch-gesellschaftlichen Entwicklung den „gesetzmäßig" erfaßbaren Platz zuzuweisen, bleibt häufig nur noch das Mittel, zur unscharfen oder überpointierten Zeichnung überzugehen, wobei nicht selten auch das Einfühlungsvermögen der sozialistischen Klassiker zu vermissen ist. Die Kenntnis der „Gesetzmäßigkeiten" der Geschichte steht diesen Historikern bei der Aufgabe, einen Sachverhalt zu beschreiben, im Wege. Die Richtung läuft von der Deduktion zur Beschreibung von Trends, die für die eigene politische Situation relevant sind.

[47] F. Klein: Deutschland von 1897/98 bis 1917. Deutschland in der Periode des Imperialismus bis zur Großen Sozialistischen Oktoberrevolution, Berlin, 3. Aufl. 1972 (zit.: Deutschland 1897–1917).

[48] Deutschland 1897–1917, S. 44.

IV. NATIONAL- UND STAATSBEWUSSTSEIN

Über den Anteil der bewaffneten Macht an der Ausbildung des Nationalbewußtseins gibt es kaum das Thema direkt behandelnde moderne Untersuchungen. Bemerkungen darüber sind zumeist nicht mehr als zufällige Ergebnisse der Beschäftigung mit Bismarck und mit der Reichsgeschichte überhaupt, oder sie kommen in Untersuchungen über die Entwicklung des Parteiwesens vor. Dieser Befund ist angesichts der prominenten Rolle der Armee bei der Reichseinigung erstaunlich. Die Ereignisse von 1866 und 1870 haben im deutschen Bürgertum, aber nicht nur hier, weithin einen politischen Bewußtseinswandel gerade im Hinblick auf die Armee herbeigeführt. Der neudeutsche Patriotismus kreiste stärker um Inhalte wie Macht, Stärke, nationaler Glanz und nationale Größe, weniger ausgesprochen um Inhalte wie Bildung, historisches Reichsbewußtsein, Sprache und Dichtung. Die alte preußische Gegenüberstellung Königtum – Armee – monarchische Loyalität einerseits, Einheit – Freiheit – liberales Bürgertum andererseits war zwar nicht völlig eingeschmolzen worden, aber nach Erfüllung des Einheitsstrebens und nach Aufrichtung des Reiches und der damit verbundenen Einbeziehung süddeutscher liberaler Traditionen liefen die politischen Traditionslinien unübersichtlicher in die Zukunft des Kaiserreiches. G. Ritter hat diesen Sachverhalt unter den Begriff der „Militarisierung" des deutschen Bürgertums gebracht.[1] Die „Militärfrömmigkeit" des deutschen Bürgertums, als „junges Produkt unserer Geschichte", führt er auf die Freiheitskriege von 1813–15 und die Einigungskriege von 1864–71 zurück. Alte Ressentiments gegen preußischen Kommißgeist verblaßten oder erloschen.

[1] Ritter, Staatskunst und Kriegshandwerk, Bd. 2, S. 118 ff.

Die Verbesserung der politischen und psychologischen Stimmungslage für die Armee ist aus dem Fragenkatalog zur politischen Einflußnahme der Armee im Kaiserreich nicht wegzudenken. In der politischen Auseinandersetzung der Zeit, etwa in der Kritik der Sozialdemokratie am Bürgertum, hat dieser Komplex eine bedeutende Rolle gespielt. Hinweise hierzu finden sich in der allgemeinen Literatur zur Reichsgründung und zum Wandel des Bismarckbildes sowie in einigen speziell um National- und Staatsbewußtsein bemühten Veröffentlichungen.[2]

[2] Eine gute Auswahl aus der unübersehbar gewordenen Literatur bietet W. Bußmann: Handbuch der Deutschen Geschichte, hrsg. von L. Just, Bd. 3, Abschnitt 3, Konstanz 1956, S. 265 ff. Zur Sicht der Reichsgründung unter diesem Aspekt neuerdings: E. Fehrenbach: Die Reichsgründung in der deutschen Geschichtsschreibung, in: Reichsgründung 1870/71, S. 259–290, ebendort: E. Deuerlein: Die Konfrontation von Nationalstaat und national bestimmter Kultur, S. 226–258; ebenda Th. Schieder: Das Deutsche Reich in seinen nationalen und universalen Beziehungen 1871 bis 1945, S. 422–454; W. Sauer: Das Problem des deutschen Nationalstaats, in: Moderne deutsche Sozialgeschichte, S. 407–436 und in: Probleme der Reichsgründungszeit 1848–1879, S. 448–479; hier auch Th. Schieder: Der Nationalstaat in Verteidigung und Angriff, S. 402–430; in einer weiteren Veröffentlichung zum Reichsgründungsjahr: ›Das kaiserliche Deutschland‹, sind von Bedeutung: M. Stürmer: Bismarcks Deutschland als Problem der Forschung, S. 7–25; F. P. Kahlenberg: Das Epochenjahr 1866 in der deutschen Geschichte, S. 51–74; M. Messerschmidt: Die Armee in Staat und Gesellschaft – Die Bismarckzeit, S. 89–118; F. Stern: Die politischen Folgen des unpolitischen Deutschen, S. 168–186; W. Deist: Die Armee in Staat und Gesellschaft 1890–1914, S. 312–339. Wichtig ferner: Th. Schieder: Das Deutsche Kaiserreich von 1871 als Nationalstaat, Köln 1961 (= Wissenschaftliche Abhandlung der Arbeitsgemeinschaft für Forschung des Landes Nordrhein-Westfalen, Bd. 20); E. Fehrenbach: Wandlungen des deutschen Kaisergedankens 1871 bis 1918, München 1969; M. Messerschmidt: Reich und Nation im Bewußtsein der wilhelminischen Gesellschaft, in: Marine und Marinepolitik im kaiserlichen Deutschland 1871–1914, hrsg. v. Militärgeschichtlichen Forschungsamt durch H. Schottelius und W. Deist, Düsseldorf 1972,

Ein erstes Auftauen der „bürgerlichen" Bewertung des klein-deutschen Nationalstaates wurde in Meineckes Schrift ›Nach der Revolution. Geschichtliche Betrachtungen über unsere Lage‹ (1919) sichtbar, die wesentliche Inhalte linksliberaler und sozia-listischer Kritik am Bismarckreich rezipierte. Der „starre und harte Rest vom Obrigkeitsstaat" machte die Schwäche dieses Staates aus, er ruhte auf einer zu schmalen sozialen Basis. Adel, Offizierkorps und ein politisch-militärischen Halt suchendes Bürgertum durchsetzten die nationale Idee mit einer „hart kon-servativen und militaristischen Färbung". Militär und National-bewußtsein sind hier in negativer Verbindung gesehen, und Meinecke zieht die Linie weiter bis zur Vergröberung des natio-nalen Denkens zum „nationalistischen Denken" [3]. Die Kritik führte Meinecke später in seinem Werk ›Die Idee der Staats-räson in der neueren Geschichte‹ (1924) [4] weiter, nun primär in Auseinandersetzung mit dem Staatsdenken Hegels, Rankes und Treitschkes. Zum Wesen des Staates gehört die Macht. Treitschke hat sie zu sehr mit Sittlichkeit gleichgesetzt, er hat daran mit-gewirkt, daß die preußische Militärmonarchie im Bewußtsein der Zeit der entscheidende Faktor des Reiches blieb: „aber das neue Gemeinwesen erforderte bald, um den sozialen und wirt-schaftlichen Umwälzungen gewachsen zu bleiben, eine innere Umformung und Weiterbildung seiner Institutionen, die der

S. 11–33. Eine strukturelle Aufbereitung der Problematik mit inter-essanten Fragestellungen bietet neuerdings H.-U. Wehler: Das Deutsche Kaiserreich 1871–1918. Die Sicht der DDR-Geschichtsschreibung ver-anschaulichen die Beiträge in dem Sammelwerk: Die großpreußisch-militaristische Reichsgründung 1871, Berlin 1971. Zur Entwicklung in der Zeit nach dem Ersten Weltkrieg vgl. H. Herzfeld: Staat und Nation in der deutschen Geschichtsschreibung der Weimarer Zeit, Son-derdruck aus: Veritas, Justitia, Libertas, Festschrift zur 200-Jahrfeier der Columbia University New York.

[3] F. Meinecke: Nach der Revolution, S. 24.

[4] Neu herausgegeben München 1957, von W. Hofer als Bd. 1 der Gesamtausgabe ›Friedrich Meinecke-Werke‹ (zit.: Staatsräson).

durch Treitschkes Einfluß mit starr werdende Glaube an den Segen der preußischen Militärmonarchie gehindert hat" [5].

Damit war jenseits linksliberaler und sozialistischer Kritik am Militärstaat das Tor geöffnet für eine umfassende Betrachtung der Zusammenhänge von Militär, Politik, Wirtschaft, Sozialgefüge und Nationalbewußtsein – Fragestellungen, die für die Erforschung indirekter Einflußmöglichkeiten des Militärs in Staat und Gesellschaft von hohem Wert sind.

Sehr prägnant und in thesenhafter Zuspitzung hat sich Eckart Kehr Ende der zwanziger und Anfang der dreißiger Jahre dieser Thematik angenommen. Seine eindringlichen Untersuchungen [6] bilden die Grundlage für zahlreiche moderne Forschungsansätze. Kehrs Thesen und Einsichten sind zum großen Teil zum Skelett aller kritischen Wertungen des wilhelminischen Reiches und seiner Gesellschaft geworden, soweit sie nicht nur außenpolitische Zusammenhänge in die Untersuchung einbeziehen. Die wichtigste These Kehrs für die Interpretation des neudeutschen Nationalbewußtseins gibt die Erklärung dafür, daß die psychologische Auswirkung der Einigungskriege – durch planmäßige soziale Abstützung – nicht so rasch verblaßte, wie in der Forschung teilweise angenommen worden ist. Das seit 1864 wieder königstreu gewordene Bürgertum ist nicht allein

[5] Meinecke: Staatsräson, S. 467 f.

[6] Vgl. die von H.-U. Wehler unter dem Titel ›Der Primat der Innenpolitik‹ 1965 herausgegebenen Aufsätze (= Veröffentlichungen der Historischen Kommission zu Berlin beim Friedrich-Meinecke-Institut der Freien Universität Berlin, Bd. 19). Insbes. die Aufsätze: Zur Genesis des Königlich Preußischen Reserveoffiziers, S. 53–63; Das soziale System der Reaktion in Preußen unter dem Ministerium Puttkamer, S. 64–86; Klassenkämpfe und Rüstungspolitik im kaiserlichen Deutschland, S. 87–110; Die deutsche Flotte in den neunziger Jahren und der politisch-militärische Dualismus des Kaiserreichs, S. 111–129; Soziale und finanzielle Grundlagen der Tirpitz'schen Flottenpropaganda, S. 130–148; Englandhaß und Weltpolitik. Eine Studie über die innenpolitischen und sozialen Grundlagen der deutschen Außenpolitik an der Jahrhundertwende, S. 149–175.

infolge der „Wiederbelebung des Monarchismus" durch Wilhelm I. loyaler Anhänger des preußisch-deutschen Machtstaates geblieben, sondern aufgrund der „primär bedeutsamen sozialen Umbildung"[7], die auf der Abkapselung von Bürokratie und Offizierkorps und der hinter ihnen stehenden Familien gegen alle Schichten, die näher am Proletariat standen, beruhte. Die Armee pflegte intensiv die Kontinuität der Tradition seit dem Absolutismus. Der neudeutsche Traditionalismus betonte die „friderizianische" Seite des preußischen Militärstaats. Die Antinomie des Systems bestand darin, „daß es das Bürgertum für die Besetzung der Beamten- und Offizierposten quantitativ nicht mehr entbehren konnte, bürgerliche Beamte und Offiziere aber nur dann avancieren ließ, wenn sie ihre bürgerliche Gesinnung abgelegt und die neufeudale angenommen hatten".

Damit bezieht Kehr in das Staatsbewußtsein dieser „tragenden" Schichten nicht nur einen „rückwärtsgewandten" Patriotismus, sondern ein stark um soziale Chancen bemühtes Positionsstreben ein, das schnell überindividuelle Bedeutung gewann und von der sozialen Führungsrolle des Offizierkorps und der hohen Beamtenschaft immer wieder genährt werden konnte. Dieser Nationalismus und Patriotismus lebte bereits aus der Abwehrfunktion gegen die Sozialdemokratie. Er war schichtengebunden, nahm für seine machtstaatlichen und militärbeladenen Inhalte Allgemeingültigkeit in Anspruch. Damit ging, so kann gefolgert werden, die Abwehrfunktion in eine Ausschlußfunktion über, die überraschend treffsicher der Reichsfeindpolitik des Kanzlers entsprach.

Neuere Untersuchungen dieses Komplexes haben diese Zusammenhänge weniger deutlich erfaßt. Gerhard Ritter spricht in seiner ausführlichen Bestandsaufnahme davon, der Patriotismus im neudeutschen Reich erscheine „zunächst stark nach rückwärts gewendet"[8], sich dokumentierend bei Feiern nationaler Gedenktage mit stark militärischem Gepräge. Das Geschichtsbild der

---

[7] Das soziale System der Reaktion in Preußen, S. 76.
[8] Ritter: Staatskunst und Kriegshandwerk, Bd. 2, S. 126.

borussischen Schule hat „zur Wehrfreudigkeit des deutschen Volkes" beigetragen, pflanzte sich fort auf die Schulen. Die königliche Armee erschien „in einer so hellen Gloriole wie noch keiner früheren Generation". Damit ist die Wirkung der durch Bismarck ausgelösten Erfolge der Armee in der Welt des Bildungsbürgertums angesprochen, aber doch zu sehr auf Psychologie und Erlebnis zurückgeführt. Die Armee hat hier im wohlverstandenen Eigeninteresse mit der Entfaltung von Paradepracht, mit der Erzeugung von Pathos gewirkt. Die Generalität erschien bei diesen nationalen und militärischen Staatsaktionen an prominenter Stelle. Der Sedan-Tag – zunächst zur patriotischen Hauptfeier geworden – gewann aber nicht überall selbstverständliche Anerkennung. In Berlin traten stark „militärische Züge" hervor. Das Fest paßte sich „dem militärischen Stil des Reiches" an.[9] Die katholische Kirche bewies Zurückhaltung, ja Widerspruch. Die Sozialdemokratie wandte sich vehement dagegen. Schieder weist auf die Unsicherheit in der Symbolgebung hin – Nationalhymne, Denkmäler, Flaggen. Überall standen sich Preußen und die Nation gegenüber.

In konservativen Kreisen hat sich – wie Theodor Schieder hervorhebt – ein bezeichnendes Verständnis „nationaler Fragen" herausgebildet: als „nationale Fragen" galten hier „Heer, Flotte, Kolonien", oder Königtum, Heer und Marine [10], während die Mehrheit im Konservatismus des Hegemonialstaats Preußen sich „der nationalen Zeitbewegung" verschloß. Erst die neue konservative Richtung, die 1876 die Deutsch-Konservative Partei ins Leben rief, entwickelte einen Nationalstaatsbegriff, in dem sich das „monarchische Prinzip mit dem staatlichen Macht- und Expansionsgedanken" verband.

Dieser Hinweis läßt erkennen, daß Schieder in dem rückwärtsgewandten Patriotismus Keime eines neuen, dynamischen Staatsbewußtseins erblickt. Da die Führungsschichten Preußens

---

[9] Vgl. Th. Schieder: Das Deutsche Kaiserreich von 1871 als Nationalstaat, S. 76 f. (zit.: Kaiserreich).

[10] Schieder: Kaiserreich, S. 13.

nicht ausgewechselt wurden, nicht ausgewechselt werden konnten, muß davon ausgegangen werden, daß auch die bewaffnete Macht ihren Anteil an dieser Entwicklung hatte. Tatsächlich ist sie auch beteiligt gewesen bei dem Übergang von Machtstaatsgedanken zum imperialistischen Weltmachtdenken.

Das Kaiserreich hat nicht zur Einheit von Staat und Kultur geführt. Daher konnte die Eigengesetzlichkeit der Politik, die Selbstbehauptung des Staates zum absoluten Wert werden. Die von Otto Westphal konstatierten „Ideen von 1871" [11] belegen gerade den Mangel an geistig-kultureller Einheit. Er hat zu seinem Teil das Übermaß im militärischen Stil des Reiches ermöglicht, vielleicht herausgefordert. Helmuth Plessner hat, in kritischer Wendung auch gegen Westphals These, die inneren Defizienzen des Staats- und Nationalbewußtseins des Kaiserreichs zum Anlaß genommen, geradezu von der „Großmacht ohne Staatsidee" zu sprechen. [12] Schieder zweifelt an der Haltbarkeit so „radikaler Hypothesen".

Zu den wichtigsten Fragen der Forschung gehört die Auflösung des in sich scheinbar widersprüchlichen Sachverhalts, daß die Wirkung der militärischen Erfolge nach 1871 rasch verblaßte, die „Militarisierung" der Gesellschaft aber fortschritt. Die von Kehr konstatierte „soziale Umbildung" darf als wichtige Erklärungshilfe angesehen werden.

Als Friedrich Meinecke nach dem Zweiten Weltkrieg eine kritische Rückblende auch auf die Zeit des Bismarckreiches vornahm [13], suchte er den Anteil der Armee und ihrer Siege an der

[11] O. Westphal: Feinde Bismarcks. Geistige Grundlagen der deutschen Opposition 1849–1918, München 1930.

[12] H. Plessner: Die verspätete Nation. Über die politische Verführbarkeit des bürgerlichen Geistes, 5. Aufl., Stuttgart 1969, S. 39 ff. Zu Plessners These s. Schieder, Kaiserreich, S. 58.

[13] F. Meinecke: Die deutsche Katastrophe. Betrachtungen und Erinnerungen, 2. Aufl., Wiesbaden 1946, S. 28. Ähnlich urteilt A. Hillgruber: Entwicklung, Wandlung und Zerstörung des deutschen Nationalstaates 1871–1945, in: 1871 – Fragen an die deutsche Geschichte, S. 171.

Stimmungslage der Nation nach 1871 zu erfassen. Die vorhandenen und für das Gedeihen des Ganzen gefährlichen Seiten „des preußischen Militarismus" traten im Glanz der Siege zurück. Er wurde akzeptabel und drang in das bürgerliche Leben ein: „so kam es zu einem konventionellen Borussismus, zu einer naiven Selbstbewunderung preußischen Wesens". „Borussismus und Militarismus" lagen als schwere Hypothek auf dem Reich. Langsam glitt in den „Synthesen von Macht und Kultur, Geist und Staat" das Schwergewicht „auf die Macht und deren Bereiche" hinüber.

Neuere Stimmen bezweifeln, daß es überhaupt zu einer Synthese von „Geist und Macht" gekommen sei. Schieder spricht vom „widerspruchsvollen Verhältnis von Nationalstaat und Kultur", aber er hält die „Formel von einem Gegensatz von Geist und Staat" für nicht befriedigend.[14] Meinecke nimmt einen Verdeckungseffekt der militärischen Siege an, in dessen Schatten sich die Kontamination des Bürgertums mit borussisch-militärischem Ungeist vollzog. Gerhard Ritter urteilt ähnlich. Nach ihm hat Bismarck den bürgerlichen Liberalismus verführt, und zwar durch die militärischen Erfolge der Einigungskriege: verführt zur Militärfrömmigkeit, zur Akklamation der ‚Realpolitik des Machtstaates'. Die dankbare Bewunderung der großen Leistungen der Armee förderte das soziale Ansehen des „Offizierstandes" in den Augen „der ganzen bürgerlichen Gesellschaft". Der Reserveoffizier ist dafür Symbolfigur geworden. Die sogenannte unpolitische Haltung des Offizierkorps erwies sich, näher betrachtet, als stark konservative Affinität.

Die „Verführung" des Liberalismus durch Bismarck ist vielfach gesehen worden. Sie ging bis in den Sprachgebrauch hinein. An der politischen Begriffswelt Sybels und Treitschkes ist dies nachgewiesen worden.[15] Theodor Schieder hat diesen Zug zu

14 Schieder: Kaiserreich, S. 60.

15 H. Seier: Sybels Vorlesung über Politik und die Kontinuität des staatsbildenden Liberalismus, in: HZ 187, 1959, S. 90–112; W. Bußmann: Treitschke. Sein Welt- und Geschichtsbild, Göttingen 1952, S. 153 ff. (= Göttinger Bausteine z. Geschichtswissenschaft, H. 3–4).

staatsgouvernementalen, staatsnationalen Grundbegriffen und -überzeugungen besonders betont.

Die jüngsten Arbeiten zu diesem Problemkreis heben dagegen stärker die politisch-soziale Defizienz dieses nach 1866–70/71 aufkommenden monarchisch-militärisch geprägten Machtstaatsgedankens hervor. Neu ist diese Sicht nicht. Im politischen Tageskampf der Sozialdemokratie des Kaiserreichs gehörte sie zum Waffenarsenal dieser Partei. Eckart Kehr brachte den Gesichtspunkt der nur partiellen Verbindlichkeit des konservativ-liberalen Nationalstaatsdenkens in seiner Formel der „sozialen Umbildung" zum Ausdruck. H.-U. Wehler weist auf den Mangel einer „allgemein verbindlichen Legitimationsbasis" des jungen Reiches hin.[16] Die Ursache dafür findet er in der „militärischen Phase" der „Revolution von oben". Der Militärstaat vermochte nicht, die für eine ruhige Weiterentwicklung notwendige politisch-bewußtseinsmäßige Voraussetzung zu schaffen. Seine Konstruktion und die folgenden Wirtschaftskrisen mündeten nach Wehler in den Sozialimperialismus, nach Wolfgang Sauer in die Reichsfeindpolitik. Wehler schwankt bei der Einschätzung der „einheitsstiftenden Kraft dieser Kriege und der Reichsgründung" [17], erblickt darin insgesamt jedoch nur ein schwaches innenpolitisches Bindemittel. So urteilt auch Michael Stürmer, der von der „Fassade militärischen Glanzes" spricht [18], während Helmut Böhme dem Datum 1870/71 für eine spezifische Erfassung der Reichsgründung überhaupt jede Perspektiveneigenschaft abspricht.[19]

[16] Wehler: Krisenherde des Kaiserreichs, S. 137.

[17] In ›Bismarck und der Imperialismus‹, S. 465, heißt es, diese Kraft habe zehn Jahre später „beträchtlich an bindender Wirkung eingebüßt", während in ›Krisenherde des Kaiserreiches‹ darauf hingewiesen wird, die Mängel der Legitimationsbasis seien in den Krisenjahren nach 1873 „sogleich scharf" hervorgetreten mit der Folge der rasch praktizierten Politik der „negativen Integration".

[18] Stürmer: Bismarcks Deutschland als Problem der Forschung, S. 17.

[19] H. Böhme: Politik und Ökonomie in der Reichsgründungs- und späten Bismarckzeit, in: Das kaiserliche Deutschland, S. 32.

Mit ganz anderer Fragestellung als Böhme, der die wirtschaftlich bewegenden Kräfte hinter dem Nationalstaat beleuchtet und von daher zu wichtigen gesellschaftsbezogenen Erkenntnissen gelangt, hat sich Ernst Deuerlein des Perspektivenproblems angenommen.[20] Als Fazit seiner Analyse von Stimmen und Wertungen aus dem Bereich des Kulturlebens kann festgehalten werden, daß die militärisch erzwungene Reichseinigung bei den Zeitgenossen keine einhellige Meinung erzeugt hat. Gegen „akademische Festrhetorik und triviale Konsumliteratur", die den Eindruck erweckten, „Macht und Kultur seien eine Symbiose eingegangen", standen Mahner wie Nietzsche mit seinen ›Unzeitgemäßen Betrachtungen‹, die vor den kulturfeindlichen Auswirkungen des Sieges warnten.[21] Deuerlein sieht hier die Ansätze nicht nur von Kulturpessimismus, sondern einer „kontradiktorischen Konfrontation von Staat und Kultur"[22]. An diesen Phänomenen ist die Auswirkung des Krieges auf Stimmung und Denken der Zeitgenossen möglicherweise exakter zu erfassen als mit einseitig ökonomisch eingestellter Blickrichtung.

Nicht nur der Liberalismus ist durch Bismarck „verführt" worden. Große Teile der Nation, der sich politisch jetzt erst konstituierenden Nation, sind von der Wirkung des Krieges und von der monarchisch-militärischen Schaustellungsfolge „ver-

---

[20] E. Deuerlein: Die Konfrontation von Nationalstaat und national bestimmter Kultur, in: Reichsgründung 1870/71, S. 226–258 (zit.: Konfrontation).

[21] Die erste der ›Unzeitgemäßen Betrachtungen‹ ›David Strauß, der Bekenner und der Schriftsteller‹, 1873, ist für den Zusammenhang auch zeitlich von besonderer Wichtigkeit. Sie beginnt mit dem berühmten Satz: „Die öffentliche Meinung in Deutschland scheint es fast zu verbieten, von den schlimmen und gefährlichen Folgen des Krieges, zumal eines siegreich beendeten Krieges zu reden: umso williger werden aber diejenigen Schriftsteller angehört, welche keine wichtigere Meinung als jene öffentliche kennen und deshalb wetteifernd beflissen sind, den Krieg zu preisen und den mächtigen Phänomenen seiner Einwirkung auf Sittlichkeit, Cultur und Kunst jubilierend nachzugehen."

[22] Deuerlein: Konfrontation, S. 239.

führt" worden. In diesem Zusammenhang ist die „triviale Konsumliteratur" sehr viel höher zu veranschlagen als die Rolle der anspruchsvollen Literatur. Auf der niederen Ebene setzte die Polarisierung der Nation ein, denn auch die Sozialdemokratie bot ihren Anhängern Konsumliteratur. Die Bedeutung dieser publizistischen Dauerwirkung für die späteren Massenverbände, die wiederum direkte Anknüpfungsmöglichkeiten für militärische Einflußnahme boten (Kriegervereine, Flottenverein), ist von der Forschung bisher stark vernachlässigt worden. Lesegewohnheiten der „Konsumenten" sind eher für die sozialistische Seite untersucht worden.[23] Dieser Befund steht in Kontrast zu den Bemühungen um die Erfassung der Propagandaarbeit und Gesinnungsmobilisierung der Massenverbände selbst. Möglicherweise läßt sich mit einer Verbindung von solchen Forschungsansätzen der immer noch nicht befriedigend geklärte Weg in die „Weltmachtphase" neu beleuchten. Der Übergang ist in der jüngeren Forschung vor allem unter dem Gesichtspunkt ökonomischer Interessenorientierung interpretiert worden.

[23] G. Roth: Die kulturellen Bestrebungen der Sozialdemokratie im Kaiserlichen Deutschland, in: Moderne deutsche Sozialgeschichte, S. 342–365, mit deutlicher Skepsis an der politischen Aufgeschlossenheit der sozialdemokratischen Wählermassen; ähnlich skeptisch, aufgrund einer Analyse von Arbeiterbibliotheks-Statistiken H.-J. Steinberg: Sozialismus und deutsche Sozialdemokratie. Zur Ideologie der Partei vor dem 1. Weltkrieg, Hannover 1967 (= Schriftenreihe des Forschungsinstituts der Friedrich-Ebert-Stiftung. B. Historisch-politische Schriften). Zur „nationalen" Beurteilung des Reiches durch die Sozialdemokratie vgl. die Kontroverse zwischen west- und ostdeutschen Historikern: W. Conze, D. Groh: Die Arbeiterbewegung in der nationalen Bewegung. Die deutsche Sozialdemokratie vor, während und nach der Reichsgründung, Stuttgart 1966; dagegen H. Bartel, G. Seeber: Pariser Kommune, Reichsgründung und revolutionäres Proletariat. Ausgangsposition und Problematik der Stellung der deutschen Arbeiterbewegung zum Deutschen Reich, in: Die großpreußisch-militaristische Reichsgründung 1871, Bd. 2, S. 21–73, mit starker Betonung des Gedankens, daß „die Komplexe ‚Nation' und ‚Nationalstaat' temporär und sachlich durchaus nicht identisch" waren (S. 24).

Die Untersuchung der Zeitstimmung, der verschiedensten Artikulationen politischer Gefühle, Pessimismen und Enthusiasmen gibt den oft blaß bleibenden Feststellungen moderner Autoren, die die zu schmale „Legitimationsbasis" des Reiches konstatieren, Kontur und Färbung. Es müssen daher Forschungsanliegen von Untersuchungen wie Fritz Sterns Arbeit über den Kulturpessimismus in eine umfassende Betrachtung mit einbezogen werden.[24] Gerade hier scheint ein Ansatzpluralismus zusammen mit Methodenpluralismus zum Ziel zu führen. Der Beitrag heutiger konservativer Historiker wie Hans-Joachim Schoeps ist auf diesem Gebiet wertvoll. Er hat sehr deutlich zu machen verstanden, wo die Grenze konservativen und liberalen Denkens überschritten wurde. Seine Hinweise auf die Stimmen des „nationalen Pharisäertums", auf Hochmut und selbstgerechte Überheblichkeit nach dem siegreichen Krieg legen es nahe, keine zu starken Zäsuren zwischen Psychologie und Denken der Anfangsphase und der imperialistischen Phase zu unterstellen.[25] Forschungsansätze, die hiervon ausgehen, bleiben sich der Relativität solcher Zäsuren und Markierungen bewußt.

Auch ein sehr stark auf wirtschaftliche Zusammenhänge abhebendes Werk wie Helmut Böhmes ›Deutschlands Weg zur Großmacht‹ sieht hinter den Phasen des Wirtschaftsablaufs und den damit verbundenen Konstellationsverschiebungen im Parteienwesen durchgängige politische Bewußtseinselemente als wesentliche Faktoren und Motivationen, die um Inhalte wie Macht und Armee gruppiert waren: die königlich-preußische Welt war im Bestand des Deutschen Reiches für dieses Weltbild „in dem Maße gesichert, wie der Schutzzolltarif, die Sonderstellung der Armee, die antidemokratisch-konservative Beamten-

[24] F. Stern: Kulturpessimismus als politische Gefahr. Eine Analyse nationaler Ideologie in Deutschland, Bern, Stuttgart 1963 (Amerikanischer Originaltitel: The Politics of Cultural Despair). Hinzuweisen ist ferner auf den von H.-G. Schumann herausgegebenen Sammelband ›Konservatismus‹, Köln 1974 (= NWB 68).

[25] H.-J. Schoeps: Der Weg ins Deutsche Kaiserreich, Berlin 1870, S. 209 ff.

schaft, die autoritäre Sozialgesetzgebung die Klammern bildeten für einen Staat, dessen äußere Politik nach den Interessen der preußischen Träger dieser Politik geführt wurde" [26].

In seiner neuesten Arbeit kommt Wehler zu einer knappen, aber zusammenfassenden Analyse der „Status-quo-Verteidigung gegen politische Mobilisierung" [27], in der Rolle und Ansehen der Armee im Bewußtsein der neudeutschen Gesellschaft multikausal erfaßt werden. Der gewählte Zugang über die „Herrschaftstechnik der negativen Integration", die Sammlungspolitik, über Zusammenhänge von Staatsideologie, Ausnahmegesetz, strukturelle Demokratiefeindschaft, Nationalismus und Feindstereotypen, Religion, Sozialisationsprozesse, Schulwesen verspricht, zu neuen Erkenntnissen zu führen, zumal Wehler die vom Typ des kontinentalen absolutistischen Staates herkommenden historischen Vorgegebenheiten einzubeziehen sucht. Wehler weist auf einen wichtigen Zusammenhang hin: Nationalismus sollte nicht als „quasi autonome Antriebskraft" verstanden, sondern in Verbindung mit der Frage nach dem „Herrschaftsinteresse" gesehen werden, was nicht heißen soll, daß etwa die Einflüsse geleugnet werden müßten, „die von einem durch Erziehung und Heer, Presse und Literatur geförderten und schließlich gewissermaßen verselbständigten Nationalismus ausgehen und auch die Führungsgruppen erfassen können" [28]. Damit ist eine wichtige Problematik erfaßt und für die Geschichte des Kaiserreiches zum erstenmal eindeutig thematisiert worden. Eine – noch zu leistende – Durchleuchtung dieser Zusammenhänge verspricht auch für den Standort der Armee in Staat und Nation weitere Aufschlüsse. Damit kann wohl auch im Hinblick auf die Mentalitätskonstanten und -wandlungen der Übergang aus den siebziger Jahren in die Weltmachtphase genauer erfaßt werden als bisher.

Eine Orientierung ist gerade für die bewaffnete Macht in

---

[26] Böhme: Deutschlands Weg zur Großmacht, S. 586.
[27] Wehler: Das Deutsche Kaiserreich 1871–1918, S. 78 ff.
[28] Ebd., S. 109.

ihrer Haltung gegenüber der Sozialdemokratie zu suchen.[29] Und schon dieses Untersuchungsfeld zeigt, daß die sozialen und politischen Prinzipien der Armee sich zwischen 1870 und 1914 kaum veränderten. Modernisiert worden ist lediglich das Arsenal der Methoden in der Auseinandersetzung. Die Armee begrüßte die Ausnahmegesetzgebung gegen die Sozialdemokratie und die Sozialpolitik „von oben", sie erblickte in der nach 1890 wachsenden Agitation der Partei eine Gefahr für die politisch-psychologische Verankerung der Armee im nationalen Bewußtsein. Ihre eigene geistige Offensive gegen den Sozialismus kam aber über den Versuch, Thron und Altar in den Mittelpunkt ihrer Erziehungsarbeit zu stellen, nicht hinaus. Am Ende vertraute sie, wie eh und je, auf die Disziplin.[30] Darin scheint doch eine langfristigere Wirkung des „rückwärtsgewandten Patriotismus" sichtbar zu werden. Die Inhalte der durch Schulen, Kirchen und Militär vermittelten politischen Überzeugungen bedürfen noch gründlicher Untersuchung. Insofern ist Wehlers neuer Versuch ein Ansatz, der weiterverfolgt werden sollte. In die „Matrix der autoritären Gesellschaft"[31] gehört allerdings auch die Armee mit ihren eigenen nach innen gerichteten Erziehungsvorstellungen, die bei einem Volksheer der allgemeinen Wehrpflicht immer potentiell allgemein gesellschaftsbezogen sind.

[29] Reichhaltiges Material bietet R. Höhn: Die Armee als Erziehungsschule der Nation. Das Ende einer Idee, Bad Harzburg 1963, und ders.: Sozialismus und Heer, Bd. 2, Die Auseinandersetzung der Sozialdemokratie mit dem Moltkeschen Heer, Bad Homburg v. d. H., 1961, und Bd. 3, Der Kampf des Heeres gegen die Sozialdemokratie, Bad Harzburg 1969. Höhn ist wertvoll wegen der zahlreichen Quellenzitate. Eine historische Einordnung der Auseinandersetzung in die Geschichte der wilhelminischen Zeit ist Höhn nicht gelungen.

[30] Dazu näher M. Messerschmidt: Handbuch zur Deutschen Militärgeschichte, 1814–1890. Erscheint 1975.

[31] Wehler: Das Deutsche Kaiserreich, S. 122 ff. S. zu diesem Komplex die Literaturhinweise bei Wehler, S. 263; demnächst auch: M. Messerschmidt: Militär und Schule in der wilhelminischen Zeit, in: Studien zum Wandel von Gesellschaft und Bildung im 19. Jahrhundert, voraussichtl. 1975.

Ein deutlicher Unterschied zum preußischen Staatsbewußtsein in all seinen Schattierungen, wie es in der Armee immer lebendig geblieben ist, zeichnete sich gegen Ende der neunziger Jahre mit dem Aufkommen der Flottenagitation ab. Auch in der Untersuchung dieses Phänomens ist Eckart Kehr kritisch vorangegangen.[32] Mit der Strategie der Gewinnung populären Rückhalts, der Ausnutzung wirtschaftlicher und sozialer Interessen und Ängste gelang es Tirpitz, wichtige Querfäden durch den wesentlich von der Armee aufrechterhaltenen Dualismus zu ziehen. Die Flottenagitation hat die bewaffnete Macht viel stärker mit dem dynamischen Nationalismus in Verbindung gebracht, bewußtseinsmäßige Grundlagen für die Rezeption imperialistischer Denkmuster gelegt, als es die Armee von ihrem konservativen Standort aus je vermocht hätte. Die inneren Verbindungen zum Verbändewesen, zu den Sammlungsbewegungen spielen im Gesamtzusammenhang eine wichtige Rolle. Eine Gesamtübersicht bietet Dirk Stegmann.[33] Die sicherlich eingehendste Behandlung der Ziele der Flottenagitation, ihrer Technik und ihres organisatorischen Aufbaues bringt die im Manuskript abgeschlossene Arbeit von Wilhelm Deist ›Flottenpolitik und Flottenpropaganda‹.[34] Sie zeigt, daß die Marine systematisch über die Position der Armee hinausstrebte. In der

[32] E. Kehr: Die deutsche Flotte in den neunziger Jahren und der politisch-militärische Dualismus des Kaiserreiches (1927); Soziale und finanzielle Grundlagen der Tirpitz'schen Flottenpropaganda (1928), beide Beiträge in: Der Primat der Innenpolitik.

[33] D. Stegmann: Die Erben Bismarcks. Parteien und Verbände in der Spätphase des wilhelminischen Deutschland. Sammlungspolitik 1897–1918, Köln 1970.

[34] W. Deist: Flottenpolitik und Flottenpropaganda. Das Nachrichtenbureau des Reichsmarineamts 1897–1914. Die Arbeit erscheint voraussichtlich 1976 in den vom Militärgeschichtlichen Forschungsamt herausgegebenen Beiträgen zur Militär- und Kriegsgeschichte. Zu beachten bleibt weiterhin G. Ritters Kapitel ›Grundzüge deutscher Flottenpolitik vor 1914‹ in: Staatskunst und Kriegshandwerk, Bd. 2, S. 171 ff.

Flottenbewegung verbanden sich der ältere Reichspatriotismus und der neue aggressive Nationalismus. Die Marine empfand in ihrer Kampagne den Alldeutschen Verband und die Kolonialgesellschaft als Schrittmacher, lehnte eine Identifikation dagegen ab. Die Flottenbewegung setzte auf den Industriestaat mit starker sozial-imperialistischer Komponente. Sie unterschied sich damit von der auf den Ausgleich Landwirtschaft – Industrie gerichteten „Sammlung" Miquels. Seit dem zwischen diesen Interessengruppen gefundenen Kompromiß im Zolltarif 1902 dominierte im Flottenverein mehr und mehr ein aggressiver Nationalismus. Deist hebt die „plebiszitäre Komponente" der Flottenpropaganda hervor, die sich gegen das Parlament richtete zwecks Durchsetzung des militärisch-politischen Programms.

Der Dynamismus dieser „staatstragenden Schichten" hatte darin seine innere Verbindung mit älteren konservativen Anschauungen, wie sie überwiegend noch in der Armee lebendig waren, daß, wie Manfred Messerschmidt es formuliert hat, ihnen allen gemeinsam war „der hohe Grad von Identifikation mit dem bestehenden Staat und der Wille zur grundsätzlichen Einbettung des gesellschaftlichen Wachstums in den von diesem Staat gewährten Spielraum" [35]. Tirpitz hat, wie Berghahn nachgewiesen hat, darüber hinaus in seiner Flottenpolitik ein wesentliches Mittel gesehen, diesen Spielraum überhaupt zu erhalten. Die reichhaltige Literatur zum Flottenthema ist von Berghahn und Deist kritisch verarbeitet, so daß von hier aus ein durch Thesenbildung vorbereiteter und anhand der ausführlichen Literaturverzeichnisse gewährter Zugang leicht möglich ist. Für den hier angesprochenen Zusammenhang ist besonders wichtig Berghahns Hinweis auf die entscheidenden Auffassungsdifferenzen zwischen Heeres- und Marineführung: „auf den militärischen Sektor übertragen, genau jene Animosität zwischen alter und neuer Führungsschicht, die auch im Verhältnis von Landwirtschaft und Industrie anzutreffen war" [36]. In geraffter Dar-

[35] Messerschmidt: Reich und Nation im Bewußtsein der wilhelminischen Gesellschaft, S. 30 f.
[36] Tirpitz-Plan, S. 251.

70

stellung sind diese Zusammenhänge bei Wehler nachzulesen, der aufgrund seiner Analyse des Sozialimperialismus dieser Zeit meint, es sei kein Wunder, „daß sich die cäsaristischen Tendenzen des Wilhelminismus aufs engste mit der Flotte verknüpften" [37]. Bei Tirpitz hat die neuere Forschung die bewußte Überholung des nach seiner Meinung aufgezehrten Prestiges von 1870/71 durch Schaffung neuer Orientierung für das „Bedürfnis der Nation nach einem Ziel, nach einer vaterländischen Sammlungsparole" stark in den Blick gerückt.[38]

Ein wichtiger Ertrag dieser Forschungen ist zweifellos die schärfere Markierung der Unterschiede zwischen Armee- und Marineauffassungen in Bereichen wie Patriotismus, Staats- und Nationalbewußtsein. Von hier aus gingen über die Kriegervereine und über die Flottenbewegung differenzierte Impulse in den bürgerlichen und kleinbürgerlichen Gesinnungsmilitarismus, aber auch in die Streitkräfte selbst hinein, die im einzelnen wohl noch näherer Untersuchung bedürfen.

Die ostdeutsche Geschichtswissenschaft beurteilt im wesentlichen einhellig die Auswirkungen der militärischen Siege in den Einigungskriegen auf das neudeutsche Staats- und Nationalbewußtsein insoweit, als die Aufwertung der Armee, insbesondere des Generalstabs als Zentraleinrichtung der Militärmonarchie in Frage steht. Die Komponente Machtstaat – Militärstaat ist als Folge davon stärker auch über Preußen hinaus in Deutschland zum Element des nationalen Bewußtseins geworden.

Auf der anderen Seite bereiten die Grundsätze der dialektischen Geschichtsbetrachtung erhebliche Schwierigkeiten bei der Einordnung der Denkweise der militärischen Führung in den „Klassenkompromiß durch die Revolution von oben", der seit 1870/71 nur noch „einen Namen und ein Gesicht" gehabt habe: „das junkerlich-großbourgeoise, monarchisch-militärische, preußisch-kleindeutsche Reich von 1871" [39]. Das Junkertum – dem

[37] Wehler: Das Deutsche Kaiserreich, S. 166.
[38] Insbes. Berghahn mit Tirpitz-Plan.
[39] W. Schröder: Junkertum und preußisch-deutsches Reich. Zur politischen Konzeption des Junkertums und zu ihrer Widerspiegelung

das Offizierkorps durchgehend zugerechnet wird – hat sich nach Schröder auf die neue Realität des Nationalstaats eingestellt, sie aber nur widerwillig akzeptiert – es war „Mittel" der Revolution von oben, aber nicht Triebkraft. Das Junkertum stand in „historischer Defensivposition" zum „junkerlich-bourgeoisen Nationalstaat". Die Aussagen zur inneren Schwäche des Junkertums – eine „nur künstlich erhaltene Klasse" – passen nicht zu der Gewichtung der Armee – der materiellen Form des Militarismus – als der entscheidenden Stütze der sozialen Existenz und Klassenherrschaft des Junkertums.[40] Der Armee wird damit auch ein politisches Bewußtsein unterstellt, dem es wesentlich um Opposition gegen Bismarcks Bonapartismus ging. Für Roon läßt sich ein gelegentliches Unbehagen daran feststellen, er hat nostalgisch in die gute alte Zeit zurückgeblickt, zweifelte aber doch an der ferneren „Lebensfähigkeit der patriarchalisch-conservativen Staats-Idee, die uns einst gemeinsam war", wenn er auch bekannte, er wurzele mit seinem Fühlen und Denken zu sehr darin, „als daß ich die Lossagung davon praktisch mitmachen könnte". Für das Zeitgefühl dieses Konservativen zu Beginn der Geschichte des Kaiserreichs, das sicher für viele Alterskameraden seiner Herkunft typisch war, ist sein Satz bezeichnend: „Wir stehen vor einer dunklen Wand, hinter welcher die Zukunft verborgen ist." Aber die Einordnung in die „historische Überlebtheit und Perspektivelosigkeit einer Klasse" läßt sich für Soldatentypen wie Moltke, Waldersee und erst recht für die jüngere Generalsgeneration nicht durchhalten. Eine befriedigende Untersuchung dieses Fragenkreises fehlt leider noch. Hier hilft auch Demeters bekannte Arbeit über das ›Deutsche Offizierkorps in Gesellschaft und Staat 1650–1945‹ nicht weiter.

Ein für weitere Forschungen fruchtbarer Ansatz liegt in Schröders Hinweis auf die im konservativen Staatsverständnis sich herauskristallisierende relativ stärkere Akzentuierung der

in der Kreuz-Zeitung 1871–1873, in: Die großpreußisch-militaristische Reichsgründung 1871, Bd. 2, S. 183.

[40] Schröder, S. 171, 186.

Position der Armee bei im ganzen abnehmender Bedeutung der konservativen Wertmaßstäbe sowie altkonservativer patriarchalischer Staatsgesinnung, die ja auch auf theoretischen Grundlagen geruht hatte. Das brachte Sprünge und Unausgewogenheit in das konservative Selbstverständnis. Roon hat dafür die Formulierung gefunden – in seinem Entlassungsgesuch vom 8. Dezember 1872 –, die „Cadenz" der Stabilisierung des Reiches sei „zu springend". Dieser Zugang ermöglicht eine nähere Beleuchtung der Einstellung des Konservativismus auf die liberalen Elemente der Reichslösung. Als Rest des traditionellen Staatsbewußtseins konservativer Prägung blieb im wesentlichen erhalten die monarchisch-militärische Präponderanz, in der das eigentliche Wesen des Staates gesehen wurde. Diesen inneren Bezirk konnte auch der 1871 definitiv hergestellte „junkerlich-bourgeoise" Kompromiß nicht zugunsten des Bürgertums aufbrechen. Konservatives Staatsbewußtsein, durch die Reichseinigung wesensmäßig betroffen und erschüttert, hielt künftig daran fest, daß die Erhaltung und Festigung der verbliebenen „reaktionären Grundlagen" zur Aufgabe der Defensivrolle des „Junkertums im Nationalstaat" gehören müsse. Damit ist eine größere Zukunftsorientiertheit unterstellt, als die Formel Ritters vom „rückwärtsgewandten Patriotismus" hergibt.

Daneben ist aber eine zweite, stärker vom Denken des Generalstabs beeinflußte Richtung zu stellen, die mit der Forderung nach einer militärischen „Reichslösung" stärker zur nationalliberalen Position neigte. Darauf weist die Studie von Helmert-Schmiedel hin.[41]

Diese unterschiedlichen Akzentsetzungen in der ostdeutschen Forschung zeigen, daß die Einordnung des Militärs in den Problemkreis „Nationalstaatsbewußtsein" noch nicht voll von der Suche nach Gesetzmäßigkeiten überdeckt ist.

---

[41] H. Helmert, K. Schmiedel: Zur Kriegspolitik und Strategie des preußischen Generalstabs 1870/71 und nach der Entstehung des deutschen Kaiserreichs, in: Die großpreußisch-militaristische Reichsgründung 1871, Bd. 2, S. 74–126 (100 f.).

In den allgemeinen Darstellungen der Epoche werden derartige Differenzierungen allerdings verwischt, wenn nicht aufgehoben. So tritt etwa die Reichsgründung mit ihrem Einfluß auf das Staats- und Nationalbewußtsein bei Ernst Engelberg [42] ganz hinter der Darstellung der Klassenegoismen zurück, was zu einer betonten Herausstellung des Gegensatzes zwischen herrschenden Klassen und Sozialdemokratie führt und damit zur Andeutung der Konfrontation zwischen den verschiedenen Inhalten des Nationalbewußtseins. Bourgeoisie, und erst recht Junkertum, waren danach seit Beginn des Imperialismus nicht mehr in der Lage, „die Nation vorwärts zu führen".

Die griffigste Formulierung der „eigenständigen Konzeption" der Sozialdemokratie „für die Formierung des deutschen Nationalstaats" ist Horst Bartel–Gustav Seeber [43] gelungen mit dem Hinweis, daß die Komplexe „Nation" und „Nationalstaat" temporär und sachlich nicht identisch gewesen seien. „Imperialistischen" Historikern wie Conze und Groh wird dagegen vorgeworfen, sie rückten das Nationale und den Nationalstaat „bis zur Kongruenz" zusammen. Nach Bartel/Seeber ist die politische Entwicklung in Deutschland, die zur Reichseinigung führte, nicht als Auseinandersetzung um die Konstituierung der Nation, sondern vielmehr als Kampf um die Vorherrschaft in der Nation anzusehen. Die Reichskonstruktion hat aufgrund der militärischen Erfolge in den Augen der Sozialdemokratie in der Tat an der mangelnden Identität von Staat und Nation gekrankt. In ihrer Sicht spielte die Rolle der Armee dabei entscheidend mit.

---

[42] E. Engelberg: Deutschland von 1871 bis 1897, S. 11 ff.

[43] H. Bartel, G. Seeber: Pariser Kommune, Reichsgründung und revolutionäres Proletariat. Ausgangsposition und Problematik der Stellung der deutschen Arbeiterbewegung zum Deutschen Reich, in: Die großpreußisch-militaristische Reichsgründung 1871, Bd. 2, S. 24. Zum Thema der eigenständigen Nationalstaatskonzeption der Sozialdemokratie vgl. auch H. Hümmler: Opposition gegen Lassalle, Berlin 1963.

V. MILITÄR – PARLAMENT

Die wichtigste Literatur zu diesem Themenkreis ist in den fünfziger und sechziger Jahren mit den Arbeiten von Ritter und Craig erschienen. Trotz der verengten Militarismus-These, die sein Werk perspektivisch durchzieht, bleibt Ritters Arbeit in der empirischen Darstellung und in der Verarbeitung einer großen Stoffmenge noch lange unentbehrlich. Wolfgang Sauer hat mit Recht darauf hingewiesen, daß die „Ablösung" der historisch-empirischen Darstellung von den definitorischen Bemühungen Ritters als Problem gesehen werden müsse.[1] Die Reduktion auf den „empirischen" Teil, der auch wichtige kritische Wertungen enthält, vermittelt den Gesamteindruck einer weithin unbefangenen Bestandsaufnahme, die so wichtige Komplexe wie die Einschränkung parlamentarischer Befugnisse durch die Kommandogewalt, die Ausschaltung des Kriegsministers durch Bismarck, Militärkabinett und Generalstab, das Problem der Doppelspitze, das Budgetrecht des Reichstages und die „tiefe Entfremdung des deutschen Offizierstandes gegenüber dem politischen Leben der Nation"[2] umfaßt. Zusammen mit der wichtigsten Moltke-Literatur, vor allem den Biographien von Kessel und Stadelmann[3], repräsentieren diese Arbeiten die umfassendste Aussage zur politischen Geschichte vor allem der Armee.

In dieser nun schon „älteren" Literatur fallen schon bei einer schnellen Durchsicht wichtige Akzentunterschiede auf. Stadelmann hat das Verhältnis Armee – Parlament nicht thematisiert, Kessel bezieht wenigstens punktuell Fragen dieser Art mit ein. Moltke, der ja selbst Abgeordneter im Norddeutschen und

[1] Sauer: Die politische Geschichte der Deutschen Armee, S. 344.
[2] Ritter: Staatskunst und Kriegshandwerk, Bd. 2, S. 148 ff.
[3] R. Stadelmann: Moltke und der Staat, Krefeld 1950; E. Kessel: Moltke, Stuttgart 1957.

Deutschen Reichstag war, wird von ihm als der Fachmann vorgestellt, der den Sachverstand der Militärverwaltung über die Weisheit des Parlaments stellt, sofern es um militärische Fragen ging; als Experte auch, der bei den ihm vital scheinenden militärischen Forderungen geneigt war, das Budgetrecht des Reichstags gering zu achten. Das erste Septennat hat er nur akzeptiert, weil das Äternat, also die dauernde Ausschaltung des Parlaments, nicht zu realisieren war. Der Generalstabschef dachte hier wie das Offizierkorps. Nach seiner Auffassung implizierte die konstitutionelle Monarchie wesensmäßig die Herauslösung der Armee aus dem parlamentarischen Einflußbereich selbst in Budgetfragen. Wer hier gegen die Interessen der Armee auftrat, war in der Spannungszeit der „Krieg-in-Sicht-Krise" für Moltke „Vaterlandsverräter". Auch in der Auseinandersetzung um das Wehrgesetz von 1887/88 erscheint in dieser älteren Literatur der Generalstab in seinem Verhalten gegenüber dem Parlament primär als Interessenwahrer der militärischen Stärke nach außen. Ritter problematisiert das Verhältnis Armee–Parlament im wesentlichen nur unter dem Gesichtspunkt der Kommandogewalt, d. h. der uneingeschränkten Verfügungsgewalt des Monarchen über die Armee. Der Auseinandersetzung um das System der langfristigen Bewilligungen widmet er darüber hinaus kaum Aufmerksamkeit. In diesem Bereich hat sich die Armee nach ihm im wesentlichen schon während des Verfassungskonflikts durchgesetzt. Das große Thema des Gegensatzes zwischen militärischer und ziviler Gewalt ist primär auf die Auseinandersetzungen zwischen Generalstab–Militärkabinett gegen Reichskanzler und Staatsministerium verlagert, seit 1890 auch auf die Konfrontation Kaiser–Kanzler.

Diese Perspektive verkürzt bereits im Ansatz den Rang des Parlaments, öffnet den Blick primär nur für Konfliktbereiche in der Regierungsdimension. So ist etwa der Fall des Kriegsministers v. Kameke im wesentlichen aus diesem Problemverständnis heraus behandelt.

Demgegenüber sind die neueren Forschungsansätze, die den Reichstag als Artikulationsbühne gesellschaftspolitischer Auseinandersetzungen verstehen, in der Lage, den Gegensatz Armee – Parlament neu zu qualifizieren, aus der Eindimensionalität funktionalistischer Betrachtung (Kommandogewalt als Verfügungsgewalt) herauszuheben und damit den Ort der Armeeführung im innenpolitischen Kräftespiel genauer zu erfassen [4], wenn diese Arbeiten auch keine so speziell dem Militär gewidmeten Untersuchungen sind wie die der früheren Generation. Am schärfsten hat vielleicht Berghahn die Rolle der Armee als Mittel der Gegensteuerung gegen Parlamentarisierung und Demokratisierung kritisiert. Im Anschluß an John Röhl [5] legt er der Interpretation des Herrschaftssystems des Kaiserreichs die Auffassung zugrunde, daß „sämtliche die Zukunft von Staat und Gesellschaft betreffenden Grundentscheidungen von kaum mehr als zwanzig Männern getroffen wurden". Diese Führungsgruppe sei von „einem halbabsolutistisch dirigierten, parlamentsautonomen Militärapparat" sowie von der konservativen Bürokratie unterstützt worden. Die Armeeführung und ihr politisches Wirken sind hier primär unter dem Gesichtspunkt sozialkonservativer Status-quo-Abschirmung gesehen. Im Verhältnis zum

[4] Zu nennen sind die erwähnten Arbeiten von Wehler, Stürmer, Berghahn, Sauer, s. ferner Deist und Messerschmidt. Für die Auswirkung des hier in Rede stehenden Zusammenhangs auf die Außenpolitik und die Vorgeschichte des Ersten Weltkriegs sind die Arbeiten von Fritz Fischer ebenso heranzuziehen wie die älteren von Ludwig Dehio, für die ökonomischen Hintergründe Helmut Böhme, schließlich als Anreger vieler dieser Arbeiten Eckart Kehr. Dem System der langfristigen Bewilligungen hat Stürmer eine neue Untersuchung gewidmet: Militärkonflikt und Bismarckstaat. Zur Bedeutung der Reichsmilitärgesetze 1874–1890, in: Gesellschaft, Parlament und Regierung. Zur Geschichte des Parlamentarismus in Deutschland, hrsg. v. G. A. Ritter, Düsseldorf 1974, S. 225–248. – Seine soeben erschienene umfassendere Untersuchung: Regierung und Reichstag im Bismarckstaat 1871–1880. Cäsarismus oder Parlamentarismus?, Düsseldorf 1974 (= Beiträge zur Geschichte des Parlamentarismus und der Politischen Parteien, Bd. 54), konnte nicht mehr berücksichtigt werden.

[5] J. C. G. Röhl: Germany without Bismarck. Deutsche Ausgabe: Deutschland ohne Bismarck, Tübingen 1969.

Reichstag bedeutete dies die Verfolgung einer Strategie der Ablenkung des Druckes „von unten". Wieweit dabei für die Armee der Gedanke der Absicherung der „agrarischen Eliten"[6] eine Rolle spielte, bedarf noch weit genauerer Untersuchungen als bisher. Einzelne Äußerungen hoher Militärs, etwa Roons, lassen sich im Sinne so allgemeiner Fragestellungen heranziehen. Vielversprechender bleibt vorläufig die Betrachtung der Politik der Armee gegenüber dem Parlament in der Budgetfrage, in der Frage der Stellung des parlamentarisch verantwortlichen Kriegsministers und im Zusammenhang mit dem Staatsstreichgedanken. Hier sind Einflußnahmen im Sinne einer Abschirmung der Armee gegen parlamentarische Mitsprache greifbarer, während sozialökonomisch motivierte Initiativen nur indirekt zu fassen sind. Die Wissenschaft vermag im Hinblick auf das Militär daher gegenwärtig hier nicht viel mehr als globale Feststellungen zu bieten. Angesichts des komplizierten, „nach seiner Intensität und Gestalt variablen Abhängigkeits-, Wirkungs- und Verknüpfungszusammenhanges zwischen Staat und Gesellschaft"[7] ist überhaupt die Frage nach dem Aussagewert einzelner Feststellungen, Sätze, Briefstellen oder Denkschriftenformulierungen von bestimmten Persönlichkeiten zu stellen. Die militär-, sozial- und wirtschaftsgeschichtliche Aufarbeitung der wilhelminischen Epoche ist nicht so weit fortgeschritten, daß Äußerungen dieser Art zweifelsfrei als sozialimperialistisch, repressiv, klassentypisch oder bloß traditionalistisch eingeordnet werden könnten.

Die neueste Richtung in der sozialgeschichtlich inspirierten Forschung kommt nach der „Sozialimperialismus"-Phase, die doch stark von der Dichotomie Industrie–Feudalgesellschaft ausging[8], zu einer neuartigen Reflexion des Gewichts und Inhalts von Tradition, bei der – wie mir scheint – die Fortwirkung etatistischen Denkens nuancierter bewertet wird. Das Eigen-

[6] Berghahn: Tirpitz-Plan und Krisis, S. 91.

[7] Nach J. Kocka: Klassengesellschaft im Krieg. Deutsche Sozialgeschichte 1914–1918, Göttingen 1973, S. 106 (= Kritische Studien zur Geschichtswissenschaft Bd. 8) (zit.: Klassengesellschaft).

[8] Vgl. Wehler: Bismarck und der Imperialismus, S. 123, u. a.

gewicht der Bürokratie und die „mächtige und fortwirkende Tradition der Revolution von oben" verhinderten neben anderen Kausalitäten nach dieser Sicht, daß die deutsche Wirklichkeit vor dem Ersten Weltkrieg dem Klischee eines liberalkapitalistischen Klassenstaats entsprach. Dieser Staat könne nicht hinreichend „als bloßes Instrument der herrschenden Klasse" beschrieben werden.[9]

Dieser Ansatz verspricht für die Einordnung der Einstellung der Armee zum Parlament die Möglichkeit stärkerer Berücksichtigung traditionaler, aus dem Vormärz stammender Denkweisen. Dabei können sich trotz der Unterschiedlichkeit in Methode und Fragestellung in den Ergebnissen Annäherungen an ältere Auffassungen der Militärgeschichte ergeben. So ist zu fragen, ob Berghahns Auffassung in der Verabsolutierung zutrifft, „daß der Armee nach den äußeren Erfolgen von 1866 bis 1870 vor allem diese innere Funktion zukam. Sie spielte die Rolle eines latenten Drohmittels gegen alle Veränderungsbestrebungen . . ."[10]. Demgegenüber stellt Wehler in seiner neuesten Untersuchung fest, die Armee sei „zweifellos in erster Linie" als Streitkraft für den Angriff bzw. die Verteidigung im Falle eines kriegerischen Konflikts verstanden worden. Daneben dürfe ihre Pfeiler-Funktion für eine quasi-absolutistische Regierung nicht übersehen werden. Es ist klar, daß diese verschiedenen Standpunkte zu unterschiedlichen Qualifizierungen des Verhältnisses Armee – Parlament führen können.

Die großen Auseinandersetzungen um das System der langfristigen Bewilligungen, Hauptschauplätze für den Austrag des Gegensatzes von Armee und Parlament, sind hier von Interesse. Das erste Septennat von 1874 kann durchaus als Exempel genommen werden. Politische Leitung und Armee zielten in der Frage des Äternats in die gleiche Richtung: möglichst eine Verewigung der Präsenzziffer und damit die Ausschaltung des Budgetrechts des Reichstags für den größten Teil des Gesamt-

---

[9] Kocka: Klassengesellschaft, S. 107.
[10] Berghahn: Tirpitz-Plan und Krisis, S. 92.

haushalts. Moltke ging sogar noch weiter mit dem Gedanken einer elastischen, aber automatisch greifenden Anpassung der Heeresstärke an das Bevölkerungswachstum. Diese Lösung hätte das Parlament noch stärker entmachtet. So sehr die Armee zusammen mit Bismarck hier innenpolitische Ziele verfolgte, so lassen sich doch nicht ihre Motivationen vornehmlich auf Roons bekannte Formel bringen: „Eine tüchtige Armee ... ist der einzige denkbare Schutz sowohl gegen das rothe, als gegen das schwarze Gespenst. Ruinieren Sie die Armee, dann ist das Ende da; dann adieu preußischer Kriegsruhm und Deutsche Herrlichkeit!"[11]. Roon war 1874 nicht mehr im Amt. Seine innere Bindung an die konservativen Freunde um Moritz v. Blanckenburg, die 1871 am liebsten die Bundesverfassung rückwärts revidiert hätten, um die Rechte des Reichstags einzuschränken, wirkte sich nun ungebrochener aus. Moltke hat dagegen stärker außenpolitisch-militärstrategische Gesichtspunkte berücksichtigt. Der Machtstaat und seine innere Organisation waren ihm wichtig. Im Staat sollte die Vernunft die Leidenschaft bändigen. Daher hätte er am liebsten einen Reichstag aus Delegierten der Parlamente der Bundesstaaten gehabt. Er stellte Staat und Armee über Parteien und Gesellschaftsinteressen, ohne sich der Auswirkungen der Revolutionserfahrungen auf sein historisch-politisches Gesamtbild stets bewußt zu sein. Weniger reflektierende Soldaten argumentierten noch kurzschlüssiger. Für sie gerieten „der Reichstag", das „Parlament" in Verdacht, die wahren Interessen des Reiches zu vernachlässigen.[12] Wilhelm I. sprach von einer „Katastrophe beim Militärgesetz". Waldersee artikulierte 1878 seine tiefe Verachtung der nationalliberalen Kammermajorität, die „über theoretischen Wortkram nicht hinauskommt

[11] Wehler: Das Deutsche Kaiserreich 1871–1918, S. 150, hebt hier m. E. zu stark auf die „Offizierskamarilla um Roon" ab, wie überhaupt die Formel von der „Durchpeitschung der Septennate" zuwenig die innermilitärische Diskussion um das Für und Wider der Septennate berücksichtigt.

[12] Messerschmidt: Handbuch zur deutschen Militärgeschichte 1814–1890.

und Land und Volk von Jahr zu Jahr mehr zurückbringt". Moltke wünschte vor allem, daß auflösende Tendenzen nicht in das parlamentarische Organ der Reichsgesetzgebung gelangten. Daher hätte er die Abschaffung des demokratischen Reichstagwahlrechts begrüßt.

Bismarck setzte 1874 das Instrumentarium bonapartistischer Politik ein. Am Ende war er nicht mehr am Äternat interessiert, weil damit die Armee von ihm selbst unabhängiger geworden wäre. Es kommen hier, wie bei folgenden Krisen, eine ganze Reihe von Faktoren ins Spiel. Die einseitige Interpretation des Gesamtzusammenhanges im Sinne der Stabilisierung des konservativ-nationalliberalen Interessenkompromisses verkürzt die politischen Perspektiven der Armee gerade um jene traditionellen preußisch-machtstaatlichen Inhalte, die neuerdings wieder in den Blick gebracht werden mit dem Hinweis darauf, daß der preußisch-deutsche Staat nicht nur Instrument von Klassenherrschaft war. Treffender scheint da die alte Formel Eugen Richters gegen das Septennat, der es einem „Vorbehalt des Absolutismus gegen das parlamentarische System in militärischen Angelegenheiten" genannt hat.

Die neuere Forschung berücksichtigt insgesamt zuwenig die Fortwirkung parlamentsfeindlicher, mindestens -indifferenter Auffassungen im Offizierkorps, die noch aus der Auseinandersetzung mit dem Frühliberalismus herrührten, aus jener Zeit also, in der es noch nicht primär um gesellschaftspolitische Umwälzungen, sondern mehr um die Durchsetzung der politischen Forderungen des Bürgertums, vor allem um die Abschaffung der stehenden Armee ging.

Die Befürchtung, Parlamentsherrschaft bedeute gravierende Veränderungen der Position des Offizierkorps, also ein Berufs- und Standesegoismus, spielte auch nach 1871 im Offizierkorps eine erhebliche Rolle. Angesichts der Sozialdemokratie verschärfte sich die Phobie gegen Kritiker der Kommandogewalt, die ja im wesentlichen die Position des Offizierkorps abdeckte. Bei der Identifizierung eigener Interessen mit Staatsinteressen erblickte die Armee im Grundanliegen des Parlaments, seine

Rechte zu erweitern, einen Angriff auf „den Staat". Kriegsminister v. Einem hat rückblickend das „immer größer werdende
Machtstreben des Reichstages" als das „Schlimme in unserer
ganzen innenpolitischen Entwicklung, die sich am deutlichsten
im Reichstag spiegelte", bezeichnet. Die Armee begriff nicht,
daß sich im Parlament das politische Bewußtsein der Nation
reflektierte. Hier witterte sie einen insgesamt schädlichen Dynamismus undisziplinierter Strömungen, die das Staatsschiff nur
in gefährliche Richtungen treiben konnten. Auf der anderen
Seite erlebten vor allem die Kriegsminister die wachsende Bedeutung des Reichstags. Die Tatsache, daß sie hier zur Diskussion
gezwungen waren und oft Rede und Antwort standen, hat dazu
geführt, daß die parlamentarische Kritik sich vornehmlich gegen
das im Hintergrund stehende Militärkabinett richtete. Der
Kriegsminister repräsentierte vor dem Reichstag zwar keine
andere Armee, aber er stand doch für das Prinzip der Verantwortung vor der Öffentlichkeit.

Die neuere Forschung hat gelegentlich den Charakter der
Diagnosestellung für den „Patienten" Bismarckreich angenommen. Eine ganze Reihe von Forschern ist sich einig in der Auffassung, daß dieser sozial-politische Organismus in der gegebenen ökonomischen Situation unter dem Zwang stand, innere
Spannungen in den Sozialimperialismus abzulenken (Wehler),
Mittel der „sekundären Integration" anzuwenden (Sauer, Berghahn), innenpolitischen Kampfkurs zu steuern als Ersatz für
eine undurchführbar gewordene Risikopolitik (Sauer), den
Staatsstreich als Mittel permanenter Drohung in Bereitschaft zu
halten (Stürmer, Berghahn u. a.) oder, allgemeiner gewendet,
eine „Krisenstrategie" zu entwickeln. Dabei wird die Armee
nicht selten zu stark als der benötigte Drohfaktor angesehen,
dessen qualifizierte Position (Kommandogewalt) wesentlich von
hier aus in den Blick genommen wird.[13]

Die Armee hat mit gleicher Sorge auf die möglichen Gefahren
von außen wie auch von innen geblickt. Im Hinblick auf die

[13] Berghahn: Tirpitz-Plan, S. 17.

Sozialdemokratie – der für sie größten inneren Gefahr – schien ihr zudem nach Experimenten mit geistigen Einflüssen, Repression und Kontrolle immer noch das Mittel der Disziplin die geeignetste Waffe. Das Engagement der Armee bei den Heeresvorlagen ist dagegen wesentlich von strategisch-außenpolitischen Gesichtspunkten bestimmt worden.

Die Einordnung der Armee in die „Krankengeschichte" des Patienten Kaiserreich, die im Anschluß an Rudolf Stadelmann von Wehler nicht zuletzt auch in Zusammenhang gebracht wird mit der Tatsache, daß die verschleppte Revolutionskrise „Gift... im Körper des deutschen Volkes" erzeugt und zurückgelassen habe [14], verzichtet auf wesentliche Kausalzusammenhänge, wenn ihr Standort in Staat und Verfassung primär auf Krisenmanagementbedürfnisse der Bismarckzeit zurückgeführt wird. Hier sollte der Satz sehr wichtig genommen werden, daß die Armee noch in halbabsolutistischen Traditionen stand, denen der Forscher nicht voll gerecht wird, wenn er sie lediglich unter dem Gesichtspunkt von Klasseninteressen interpretiert. Für die Bewertung der Haltung der Armee im Streit um das System der langfristigen Bewilligungen ist daher der militärfachliche Standpunkt – die Domäne der Armee – nicht außer acht zu lassen. Moltke, Kameke, Verdy und andere haben tatsächlich das Absinken der relativen Stärke der Armee befürchtet. Der Gegensatz Armee–Parlament kann deshalb zureichend nur erfaßt werden, wenn die strategisch-außenpolitische Perspektive hinzugenommen wird. Nicht alles, was die Armee forderte, diente primär und ausschließlich dem Prinzip der Systemstabilisierung, den inneren Notwendigkeiten der Revolution „von oben". Die Unmöglichkeit, innere Spannungen mit militärischen Mitteln nach außen zu lenken, hat sehr wohl dazu geführt, daß zum inneren ein äußeres Krisenbewußtsein trat, das neue Unsicherheit produzierte und in den Augen der Militärs das Wachstum

[14] Wehler: Bismarck und der Imperialismus, S. 121 f., R. Stadelmann: Deutschland und die westeuropäischen Revolutionen, in: ders.: Deutschland und Westeuropa, Laupheim 1948.

der militärischen Kraft des Reiches zur conditio sine qua non werden ließ.[15] Berghahn hat mit Recht darauf verwiesen, daß es für die Qualifizierung des innenpolitischen Krisenbewußtseins im wesentlichen lediglich auf die subjektive Seite ankomme, nicht so sehr auf das Verhältnis objektiver und subjektiver Gegebenheiten. Das läßt sich auch sagen für das außenpolitisch motivierte Krisenbewußtsein.

Die Seh- und Denkweise in der Marineführung kann im Hinblick auf die fachliche Verengung des Blickfeldes, auf Denkstrukturen neofeudalistischer Provenienz als im allgemeinen kongruent mit der Armeeführung angesehen werden. Die Argumentation für die Herauspräparierung der reinen Kommandogewalt des Kaisers und für die Abwehr „fremder" Einflüsse war im wesentlichen identisch. Sehr viel klarer als der mit nuancierten Mitteln für die Realisierung eines Programms arbeitende Tirpitz brachte der Chef des Marinekabinetts Admiral v. Senden-Bibran diese Tendenzen zum Ausdruck. John C. G. Röhl faßt diese Haltung in der Formulierung zusammen: „Senden war der sicheren Überzeugung, daß die Marine das Wichtigste sei und daß Deutschlands Regierung, Außenpolitik, ja sogar Verfassung sich einzig und allein nach dem zu richten habe, was für die Flotte nötig sei"[16] – eine sicher nicht zu weitgehende De-

---

[15] Moltke hielt z. B. schon während der Auseinandersetzungen um das 1. Septennat eine Möglichkeit, die Rüstungen herabzusetzen, nur nach glücklicher Beendigung eines weiteren Krieges für gegeben. Vgl. dazu Kessel: Moltke, S. 634. Im Reichstag sprach er vom Mißtrauen der Völker gegen Deutschland. Später hat dann der Generalstab aufgrund seiner von der Sicht Bismarcks abweichenden Lagebeurteilungen sogar versucht, Außenpolitik gegen ihn zu betreiben: ein Zeichen für die durchweg gegebene strategische Komponente im Kalkül der militärischen Führung.

[16] Röhl: Deutschland ohne Bismarck, S. 156. Zur Haltung des Offizierkorps der Armee vgl. auch W. Deist: Militär und Innenpolitik im Weltkrieg 1914–1918, Düsseldorf 1970, Einleitung zu Bd. I (= Quellen zur Geschichte des Parlamentarismus und der politischen Parteien, Zweite Reihe. Militär und Politik, hrsg. v. E. Matthias u. H. Meier-Welcker) (zit.: Militär und Innenpolitik).

skription des Marine-Solipsismus. Sie wird fast noch verstärkt durch die Senden-Charakteristik, die sein Nachfolger Admiral v. Müller gegeben hat.

Position und Rollenverständnis mancher preußischer Kriegsminister lassen sich nur in einer Tripelperspektive (endogen fachmilitärische, außenpolitisch-strategische und innenpolitisch-taktische Motivationen) sichtbar machen. Die Forschung neigt gelegentlich dazu, Denkweisen des Generalstabs und des Militärkabinetts deutlich herauszustellen, nicht dazu passende Positionen der Kriegsminister aber nicht näher in den Blick zu nehmen, obwohl sie doch ebenfalls führende Vertreter der Generalität waren. Als Inhaber jenes Amtes, das zwischen Kommandogewalt und Parlament stand, gehören sie in den Kreis der Fragestellungen, die sich dem Aufeinandertreffen von Armee und Parlamentarisierungstendenzen zuwenden. Die Kompliziertheit ihrer Position im preußisch-deutschen Verfassungsstaat ist hiervon nicht zu trennen. Sie ist insbesondere von der staatsrechtlichen Literatur gründlich beleuchtet worden.[17] In der neueren Literatur haben sich Ritter, Huber und Rudolf Morsey dieser Fragen angenommen.[18] Den übersichtlichsten Aufriß hat Morsey gegeben, der sehr deutlich macht, wie die Stel-

[17] Die wesentliche Literatur führt Huber: Deutsche Verfassungsgeschichte seit 1789, Bd. 3, S. 989 an, zu nennen sind insbes. H. O. Meisner: Militärkabinett, Kriegsminister und Reichskanzler zur Zeit Wilhelms I., in: FBPG 50, 1938, S. 86 ff.; ders.: Der Kriegsminister 1814–1914, 1940; F. v. Bronsart: Klarstellungen zu dem Buch ›Der Kriegsminister‹ von H. O. Meisner, 1941; R. Schmidt-Bückeburg: Das Militärkabinett der preußischen Könige und deutschen Kaiser, 1933; F. Marschall v. Bieberstein: Verantwortlichkeit und Gegenzeichnung bei Anordnungen des obersten Kriegsherrn, 1911.

[18] Ritter vor allem im zweiten Band von ›Staatskunst und Kriegshandwerk‹, Huber im dritten Band seiner ›Deutschen Verfassungsgeschichte‹, S. 988 ff., R. Morsey in seinem Buch: Die Oberste Reichsverwaltung unter Bismarck 1867–1890, Münster 1957, S. 226–241 (= Neue Münstersche Beiträge zur Geschichtsforschung, hrsg. v. K. v. Raumer, Bd. 3).

lung des Kriegsministers zwischen Parlament und Kommandogewalt überlagert wurde von den Kompetenzstreitigkeiten Kanzler – Kriegsminister, bei denen zumeist Bismarck – weniger die
Kriegsminister – im Sinne der Kommandogewalt argumentierte.

Der Kriegsminister v. Roon hat versucht, in der Verfassungs-
konstruktion und -wirklichkeit des Reiches dieselbe Rolle zu
spielen wie in Preußen, d. h. als neben dem Ministerpräsidenten
und Kanzler selbständiger Minister. Erzkonservative Freunde
rieten Roon schon im August 1870, „die Stellung des künftigen
Deutschen Kriegsministers" zu sichern, den nationalen Aufwind
im Sinne eines einheitlichen Heeres – eines mithin faktisch großpreußischen Heeres, zu nutzen. Darin kam unter anderem auch
ein ultrakonservativer Vorbehalt gegen Bismarck zum Ausdruck.
Roon setzte sich nicht durch. Der Reichskanzler wurde vielmehr
der verfassungsmäßige Ratgeber des Kaisers als Bundesfeldherr.
Bismarck verhinderte mit Rücksicht auf seine eigene Stellung die
Etablierung eines Reichskriegsministers. Nur de facto gestand
er dem preußischen Kriegsministerium die Funktionen eines
Reichskriegsamtes zu. Sowohl 1871 als auch bei den Beratungen
zum Reichsmilitärgesetz im März 1873 wies der Kanzler An-
sprüche des preußischen Kriegsministers auf die Stellung eines
Reichskriegsministers zurück. Praktisch wurde der preußische
Kriegsminister aber „als faktisches Organ des Reiches" behan-
delt [19], er wuchs „in das Reich hinein", aber Bismarck blieb
Spielraum für eigene Interpretationen dieses Verhältnisses.

Eine differenzierende Betrachtung, wie sie Morsey vorgenommen hat, zeigt, daß kurzschlüssige Qualifizierungen der
politischen Ziele „der Armee", oder einseitige Einordnungen in
innenpolitische Strategien nicht auf das Rollenverständnis zu-
mindestens einiger der Kriegsminister anzuwenden sind. Nach
Morseys treffender Bemerkung stand der preußische Kriegsminister „im Schnittpunkt aller innenstaatlichen Kampflinien,
indem sein Geschäftsbereich gleichsam nach allen Seiten hin
(Kaiser, Kanzler, Reichstag, preußischer Landtag, einzelstaat-

---

[19] Morsey, Die Oberste Reichsverwaltung, S. 234.

liche Kontingentsverwaltungen) offen lag und ‚zerrieben' werden konnte" [20].

Bismarck suchte die faktisch gegebene politische Verantwortung des Kriegsministers im Reichstag zu blockieren, er wies den Präsidenten des Reichstags darauf hin, daß dem Kriegsminister nicht gestattet sei, Aufforderungen des Parlaments zu empfangen oder zu befolgen. Die Tatsache, daß sich Kameke im Februar 1883 im Konflikt mit einer Generalskonferenz sah, auf deren Seite Bismarck, der Generalstabschef und das Militärkabinett standen, beweist mindestens einen scharfen Meinungsgegensatz innerhalb der militärischen Führung in Fragen, die mit der Politik gegenüber dem Reichstag zusammenhingen. Bismarck konnte sich gegen Kamekes „Werben und Paktieren" um die Gunst des Reichstags wenden und gegenüber dem Kaiser feststellen, ein „parlamentarischer General in aktivem Dienst" sei eine unpreußische Erscheinung, als Kriegsminister „aber eine gefährliche". Kamekes Nachfolger Paul Bronsart v. Schellendorf wollte beim Amtsantritt die Kommandogewalt nicht länger im Verborgenen halten – wie das Militärkabinett gegen Kameke polemisiert hatte –, sondern irgendwelche Einflüsse des Parlaments „mit Ernst und Bestimmtheit" abwehren. Aber 1889 war er es leid, beständig das Bild eines Armeevertreters zu bieten, dem Armee und Monarch nicht zutrauten, eine politisch überzeugende Rolle im Reichstag zu spielen.

Morsey sieht diese Kontroversen vor allem unter dem Gesichtspunkt der Rolle Bismarcks als „Reichskriegsminister", Ritter bewertet Fragen der Behördenorganisation und des Verfassungsrechts im Vergleich zu „Willenskräften und geistigen Kräften" nicht sehr hoch und sieht im wesentlichen das Problem Kanzler–Kriegsminister im Zusammenhang mit Bismarcks Vorstellungen von der Notwendigkeit, die Kommandogewalt gegenüber dem Parlament zu betonen.

Dennoch ist der Kriegsminister immer mehr ein politischer Minister geworden. Huber betont den Gedanken der engen

[20] Ebd., S. 235.

Verbindung zwischen Armee und verfassungsmäßiger Ordnung vom rechtlichen Standpunkt aus zu stark, wobei dann die extrakonstitutionellen Züge in den Hintergrund treten. Aber es ist nicht zu verkennen, daß mit der wachsenden Bedeutung des Parlaments der Kriegsminister politisch aufgewertet worden ist. Hierauf hat mit guten Gründen Schmidt-Richberg hingewiesen.[21] In diese Argumentation paßt auch die selbstbewußte Haltung des Kriegsministers General v. Heeringen, der im April 1912 dem Chef des Generalstabs schrieb: „Vorausschicken möchte ich, daß selbstverständlich das Kriegsministerium dankbar sein muß, wenn ihm Anregungen und Wünsche des Chefs des Generalstabs der Armee für die Gestaltung der Organisation, Bewaffnung, Ausrüstung und Ausbildung des Heeres mitgeteilt werden. Ohne solche fortgesetzte, die Selbständigkeit des Kriegsministeriums unterstützende Mitwirkung des Generalstabs wäre es unmöglich, die wirklichen Bedürfnisse der Armee zu erkennen und zu befriedigen. Andererseits ist der Kriegsminister Seiner Majestät, dem Kaiser, und dem Land in den bezeichneten Angelegenheiten allein verantwortlich."

Eckart Kehr hat in seinem Aufsatz ›Klassenkämpfe und Rüstungspolitik‹ eindringlich den Standpunkt vertreten, die „Besitzer der Macht" hätten die Entwicklung der Armee als eine „nach den Bedürfnissen der sozialen Machtverteilung zu regulierende Problematik" angesehen. Die starken Heeresvermehrungen hätten nach der Jahrhundertwende „die Gesetzlichkeit der Auflösung des starren Prätorianercharakters der Armee zwangsläufig in sich" getragen. Damit hätte bei künftigen Heeresvergrößerungen die Zuverlässigkeit der Armee sinken müssen, weil immer mehr Arbeiterrekruten eingestellt werden mußten. Die Frage der Zuverlässigkeit der Offiziere spielte nach ihm dabei eine noch größere Rolle als die der Mannschaften. Damit wird von ihm die Heeresergänzungspolitik seit 1900

21 W. Schmidt-Richberg: Handbuch zur deutschen Militärgeschichte 1648–1939, 3. Lieferung, V.: Von der Entlassung Bismarcks bis zum Ende des Ersten Weltkrieges (1890–1918), Frankfurt a. M. 1968, S. 63 ff.

vornehmlich, ja grundsätzlich unter den Gesichtspunkt des Primats der Innenpolitik gestellt. Gegen diese Auffassung hat Gerhard Ritter wichtige Argumente ins Feld geführt. Aber Kehr selbst relativiert seine Aussage mit dem Hinweis auf die unterschiedlichen Standpunkte des Generalstabs. Daß konservative Kriegsminister wie v. Einem, im wesentlichen ohne Kenntnis des Kriegsbildes Schlieffens und Ludendorffs, stärker von traditionellen Vorstellungen ausgingen, die soziale Problematik vielleicht sogar nur als Hilfsargument gebrauchten, sei nur angedeutet. Interessant ist Kehrs Hinweis darauf, daß der Generalstab die Heeresverstärkungen nicht nur „rein von der militärtechnischen und operativen Seite her betrachten" konnte, denn trotz aller Gegensätze zwischen ihm und dem Kriegsministerium „verband die soziale Einheitlichkeit der Offiziere beide Behörden stärker, als sie der Gegensatz der Verantwortlichkeit für operative Überlegenheit der Armee und für soziale Zuverlässigkeit trennte". Die scharfsinnigen, weitere Forschungen befruchtenden Thesen blieben einseitig. Die Art von Gegensätzen, die Kehr sieht, existierten in dieser reinen Form nicht. Es gab, das läßt sich bereits an diesem Beispiel zeigen, deshalb auch nicht den „Primat der Innenpolitik" in dieser Reinkultur. Weitere Forschungen müssen zum Beispiel noch klären, ob der Hinweis auf die Erschöpfung des Offiziernachwuchses aus geeigneten Familien überhaupt zutrifft. Bis jetzt gibt es keine zuverlässige Untersuchung über die nach 1900 vorhandenen Reservoirs. Am Beispiel der Schulpolitik der Armee läßt sich zeigen, daß Kriegsministerium und Bildungsinstitutionen der Armee bereit waren, auch Absolventen der Oberrealschulen zu akzeptieren. 1902 wurden die Abiturzeugnisse aller neunklassigen Anstalten ohne Einschränkung für den Offiziernachwuchs gleichgestellt. Das Reservoir für den Offiziernachwuchs erweiterte sich damit beträchtlich. Die Marine taktierte zurückhaltender als die Armee.[22] Selbstverständlich war die bewaffnete

[22] Dazu näher Messerschmidt: Militär und Schule in der wilhelminischen Zeit.

Macht auch danach noch bestrebt, Offiziere aus „entsprechenden" Familien zu bekommen, aber diese Haltung ist eher einem „halbfeudalen" Standesdenken zuzuschreiben als dem Komplex „Primat der Innenpolitik". Kehr kann bis zu einem gewissen Grade darin zugestimmt werden, daß nicht der Finanzbedarf der Flotte allein für das Zurückbleiben der Heeresverstärkungen maßgeblich war, aber es ist auch ein Faktum, daß der Kriegs- minister 1912 darauf hingewiesen hat, daß die Armee jahrelang im Interesse der Flotte auf Mehrforderungen verzichtet habe.[23]

Eine weitere Lücke in der Forschung ist festzustellen bei der Frage, wie denn die antiparlamentarische Politik Bismarcks in der Armee gewirkt hat. In der westdeutschen Forschung ist die Untersuchung der Techniken und Folgen des Bonapartismus des Kanzlers noch relativ jung. Der hier angesprochene Problem- kreis ist überhaupt noch nicht in den Blick gekommen. Sicherlich haben nur wenige Offiziere ein so „politisches" Urteil gehabt wie der Generalquartiermeister Graf Waldersee, der 1887 mit- ten im demagogisch geführten Wahlkampf in der Auseinander- setzung um das 3. Septennat, als Bismarck zur Veranschaulichung der „Kriegsgefahr" auch den Kaiser in die Propaganda ein- schaltete und 70 000 Reservisten nach Elsaß-Lothringen ein- berufen ließ, erklärte: „Je mehr ich über die Kriegsgefahr nach- denke, die der Kanzler für gut befindet jetzt vorzuführen, desto fester wird meine Ansicht, daß alles Komödie ist." Bismarck mobilisierte bei einer Wahlbeteiligung von 77,5 % die Nation für die Armee, für „Wehrhaftigkeit" und „Wehrgesinnung". Alles dies hat doch wohl zur „Parlamentsindifferenz" der mili- tärischen Führung beigetragen. Erst diese Indifferenz vermag auch die Stellung und Haltung preußischer Kriegsminister zu erklären, die bei der Frage der Situation der Armee im Kaiser- reich nicht übergangen werden kann. Sie wirft auch Licht auf die Einstellung führender Soldaten zum Staatsstreichkomplex. Bismarcks Politik gegenüber dem Parlament hat bei manchen

---

[23] Vgl. dazu P.-C. Witt: Reichsfinanzen und Rüstungspolitik 1868– 1914, in: Marine und Marinepolitik, S. 174.

hochgestellten Soldaten ihre Wirkung nicht verfehlt. Hinzuweisen wäre hier etwa auf Kriegsminister Verdy du Vernois,
der 1889 die psychologische Vorbereitung einer großen Militär-
vorlage im Wahlkampf folgendermaßen angehen wollte: „Eine
vortreffliche Wahlparole wäre: Der Kaiser ist es der Nation
schuldig, sie zu schützen, und diese kann verlangen, daß er
Maßregeln ergreift, die die Sicherheit absolut garantieren. Wer
dafür stimmt, ist für das Reich, wer dagegen, der will es zer-
stören." Der Agitationsplan, zwar ganz im Fahrwasser Bismarckscher Manipulationstechnik verbleibend, weist doch bereits
Elemente künftiger „Marinestrategie" auf. Verdy empfahl Bismarck, vom Septennat abzugehen, um größere Elastizität zu
bekommen im Wettlauf mit den französischen und russischen
Anstrengungen. Für den Gewinn größerer Zahlen und höherer
Flexibilität suchte also der Kriegsminister die Stabilität des
Septennatsystems einzutauschen. Das kann nur so interpretiert
werden, daß ihm die Gefahr von außen wesentlich bedrohlicher
schien als eine Erschütterung der inneren Systemstabilität; ein
Gesichtspunkt, der in der Forschung noch stärker berücksichtigt
werden müßte: die Armee war Gefangener ihres eigenen Miß-
trauens gegen das Parlament geworden.[24]

Die Flottenrüstung hatte, wie Berghahn, anknüpfend an
Eckart Kehrs ›Schlachtflottenbau und Parteipolitik 1894–1901‹
(1930), mit einer Fülle von Material nachgewiesen hat, anders
gelagerte Schwerpunkte. Sie war außenpolitisch-strategisch völlig
verschieden von der Sehweise der Armeeführung angesetzt und
hat innenpolitisch neue Methoden provoziert. Hier ist wichtig
zu sehen, daß Tirpitz längere Zeit mit einer anderen Einstellung
zum Parlament operierte und operieren konnte. Dennoch ist
Berghahn darin zu folgen, daß Tirpitz' „parlamentarisches"
Verhalten nicht in Zusammenhang gebracht werden sollte mit

[24] Wehler: Das Deutsche Kaiserreich 1871–1918, S. 162: „... die
Entscheidung bestimmte vielmehr der soziale Machtkampf im Inneren". – Gemeint ist die Auseinandersetzung Generalstab–Kriegsministerium um die große Militärnovelle 1913; Berghahn: Tirpitz-Plan,
S. 134.

Hinweisen darauf, daß das Deutsche Reich sich auf dem Wege der Parlamentarisierung befunden habe.[25] Berghahn belegt eingehend den Unterschied zwischen den Nah- und Fernzielen der parlamentarischen Taktik im Interesse der Flottenrüstung. Fernziel des Marinestaatssekretärs war das Äternat und damit die Ausschaltung des Reichstages, ein Ziel, das Tirpitz genauso wie der Kaiser und das hohe Marineoffizierkorps stets im Auge behielt. Solange aber das Äternat nicht realisiert war, konzentrierte sich der Staatssekretär auf das Parlament, wirkte er agitatorisch auf die Öffentlichkeit, nutzte er die in Gang gesetzte Strömung in den Parteien der Mitte und der Rechten und in ihrem weiteren Anhang – die „weltpolitische Richtung", und insoweit erwies sich Tirpitz' Diagnose als richtig, daß mit der Flottenrüstung eine größere Systemstabilisierung zu erreichen sei als mit Bismarcks Kolonialpolitik der achtziger Jahre.[26] Der Reichstag rückte also nur aus taktischen Gründen zeitweilig im Rahmen des Tirpitzplans „in eine wichtige Stellung und erfuhr

[25] Berghahn: Tirpitz-Plan, S. 532, gegen E. Deuerlein: Der Reichstag, Frankfurt a. M. 1963, und andere in diese Richtung gehende Autoren.

[26] Auch K. Hildebrand: Der „Fall Hitler", in: Neue politische Literatur, 3/1969, S. 381, betont diesen Gesichtspunkt stark: nach ihm hoffte Tirpitz „eine Sozialordnung unter Quarantäne zu stellen, die vom Bazillus der industriewirtschaftlichen Veränderung" befallen war. Gerhard Ritter hat diese Probleme nicht thematisiert. Als Motivation für den Flottenbau erscheint primär die strategisch-machtpolitische Sinngebung und die Freude des Marinemannes an einer großen Flotte: „Man kann den verbissenen Eifer, mit dem Tirpitz schon von Jugend an immer nur das eine Ziel verfolgt hat: Schaffung einer großen Schlachtflotte zur Begründung deutscher ‚Weltmacht', Fanatismus nennen. Aber ein Abenteurer ist dieser Fanatiker eigentlich doch nicht gewesen" – Staatskunst und Kriegshandwerk, Bd. 2, S. 174. Eine Übersicht über die Auffassung in der Geschichtswissenschaft zum Flottenbau hat Friedrich Forstmeier gegeben, in der die wichtigste Literatur, nach Fragestellungen geordnet, vorgestellt wird: Der Tirpitz'sche Flottenbau im Urteil der Historiker, in: Marine und Marinepolitik, S. 34–53.

insofern eine Aufwertung. Eine programmgemäße Entwicklung vorausgesetzt, war diese Aufwertung doch nur vorübergehender Natur, weil Tirpitz gerade das Ziel verfolgte, der Macht des Parlaments so schnell wie möglich den Boden zu entziehen" [27]. Berghahn veranschaulicht den Einfluß des Reichstags auf die Flottenrüstungspolitik am Bild einer Fieberkurve – aber der erwartete Abschwung setzte nicht ein, weil inzwischen der „Verfall des Tirpitz-Plans" eintrat. Diesen Verfall hat man sich als „graduellen Prozeß" vorzustellen, in dessen Verlauf der ursprüngliche Plan einer „Krisenstrategie" widerlegt wurde, denn schließlich einte die Marine nicht die Nation, sondern wurde zum „Spaltpilz".[28] Die Ausschaltung des Parlaments gelang nicht, um so größer wurde der Zwang zur Mobilisierung von außerparlamentarischen Propagandapotentialen. Die Tatsache, daß das Äternat angesteuert worden war, beweist den antiparlamentarischen Kern dieser Politik. Aber Tirpitz' Taktik wirkte so echt, daß seine Offizierskameraden, ja selbst der Kaiser, gelegentlich an ihm zweifelten. Einig war aber die Marineführung darin, den parlamentarischen Einfluß abzuwehren. Der Meinungsaustausch Ende 1889 bis Anfang 1891 über den Umbau der Spitzenorganisation der Marine macht das ganz deutlich.[29] Marineführung und Kaiser konnten sich dabei, wie Gerhard Ritter sehr deutlich hervorgehoben hat [30], auf Bismarck berufen, der 1889 anläßlich der Aufspaltung der Kaiserlichen Admiralität in das dem Kaiser unmittelbar unterstellte Oberkommando und in das Staatssekretariat der Marine vor dem Reichstag erklärt hatte: „Eine Einmischung des Reichskanzlers in das Kommando der Armee und Marine halte ich als das sorgfältigst zu Verhütende, weil der Reichskanzler eben vom Reichstage in einer gewissen Abhängigkeit ist und eine

[27] Tirpitz-Plan, S. 533.
[28] Berghahn: Tirpitz-Plan und Krisis, S. 99.
[29] Tirpitz-Plan, S. 18 ff.
[30] Ritter: Staatskunst und Kriegshandwerk, Bd. 2, S. 154 ff., beurteilt die Auswirkung des persönlichen kaiserlichen Regiments in der Marine noch ungünstiger als in der Armee.

Einmischung des Reichstages in die geltende Macht des Kommandos die größte Gefahr für die staatlichen Verhältnisse bedeuten würde." Ritter nennt diese Erklärung „eine förmliche Abdikation der Zivilgewalt in den wichtigsten Fragen des Militärwesens". Sie ist aber vor allem als Ausdruck der scharfen Frontbildung Reichsspitze – Parlament in militärischen Angelegenheiten aufzufassen. Bismarck hat den Kommandobehörden der Marine nicht mehr und nicht weniger zugestanden als der Armeeführung. Unter diesem Gesetz war er im Verfassungskonflikt angetreten. Seine Erklärung war daher weniger eine Abdikation der Zivilgewalt als eine Bestätigung der Grundlagen des preußisch-deutschen Militärstaats, in welchem Armee und politische Führung sich zumeist mehr im Verhältnis der Abgrenzung zum Parlament, statt in einem gemeinsamen Kooperationsfeld mit der Legislative sahen.

Näherer Untersuchung bedürfte noch der zum Wesen dieser Krisenstrategie gehörende Zwang zum Erfolg am Parlament vorbei. Er hat die modernen Phänomene militärisch inspirierter Massenagitation gefördert und damit letztlich Elemente der Instabilität für Zwecke der Systemstabilisierung zu integrieren, teilweise überhaupt erst wachzurufen versucht. Die bewaffnete Macht ging hier auf unsicherem Boden: Surrogate für eine nicht selbstverständliche Massenbasis zu finden unter Ausschaltung der eigentlichen Artikulationsinstanz nationaler Willensströmungen, das gehörte zu den sicherlich nicht programmierten Folgen der verhinderten Einordnung des Militärwesens in den Verfassungsstaat. Daß die Marine damit in die Situation von Goethes Zauberlehrling geriet, gehört noch zu den weniger bedeutsamen Folgen, weist zugleich aber auf die Unmöglichkeit hin, Unabhängigkeit von gesellschaftlichen Einflüssen zu bewahren.[31] Die moderne Sicht der Flottenrüstung unter innenpolitischen Ge-

---

[31] Einen wichtigen Zugang zu dieser Problematik eröffnet W. Deist: Reichsmarineamt und Flottenverein 1903–1906, in: Marine und Marinepolitik, S. 116–145. Zum Fragenkreis Armee – Verbände ders.: Militär und Innenpolitik, I, S. XIX.

sichtspunkten, im Zusammenhang mit den Bedürfnissen von Krisenstrategien zur Systemstabilisierung, die Berghahn letztlich erst unter Zuhilfenahme systemtheoretischer Ansätze, etwa zur Explizierung dessen, was „Primat der Innenpolitik" meint [32], einsichtig machen zu können glaubt, wird sehr kritisch beurteilt von Geoff Eley [33], der darauf hinweist, daß eine Krisenstrategie, die auf Erhöhung des materiellen Wohlstands der Arbeiter abzielte, ein Widerspruch in sich sei: "An early 'politics of economic growth' is a crucial feature of the political goals which Berghahn ascribes to Tirpitz." Diesem Gedanken ist sicherlich noch weiter nachzugehen. Berghahns Schlußfolgerung sucht auch Jürgen Rohwer zu relativieren.[34] Rohwer fordert eine stärkere Berücksichtigung der schiffbau- und waffentechnischen Entwicklung bis zur Mitte der neunziger Jahre bei allen wichtigen Seemächten. Dazu muß nach ihm die Betrachtung der taktischen, operativen und strategischen Vorstellungen „vor dem Hintergrund der Theorien, der vorliegenden kriegerischen Erfahrungen und vor allem auch der Ergebnisse der Manöver ... im internationalen Rahmen" [35] kommen. Dabei könnten „erstaunliche Parallelen" zum deutschen Flottenbau festgestellt werden, „die von den Ansätzen über die Planungen bis zu den Gesetzen reichen". Angesichts solcher Erkenntnisse müsse gefragt werden, ob solche Parallelen in anderen Ländern, mit ihren doch sehr unterschiedlichen Verfassungen und realen politischen Verhältnissen, ebenfalls primär Ausdruck einer 'innenpolitischen Krisenstrategie' seien, oder ob der auch dort zu beobachtende „Antiparlamentarismus" nicht zunächst ganz simple militärtechnische

[32] Berghahn: Tirpitz-Plan und Krisis, S. 97; mit Hinweis auf Arbeiten von G. Almond, K. Deutsch und D. Easton, ferner auf K.-J. Gantzel: System und Akteur, Beiträge zur vergleichenden Kriegsursachenforschung, Düsseldorf 1972.
[33] G. Eley: Sammlungspolitik. Social Imperialism and the Navy Law of 1898, in: MGM 1/74, S. 29–63 (45).
[34] J. Rohwer: Kriegsschiffbau und Flottengesetze um die Jahrhundertwende, in: Marine und Marinepolitik, S. 211–235.
[35] Rohwer, S. 211 f.

oder seetaktische Gründe hatte, die mehr oder weniger für alle Marinen Gültigkeit besaßen".

Rohwer argumentiert wohl zu fachbezogen auf die Marinen hin. Die Imperialismusforschung hat auf die Internationalität vieler Züge von Imperialismus hingewiesen. Es ist aber nicht von der Hand zu weisen, daß es ein typisch deutsches Problem Gesellschaft – Staat – Militär gab, das Armee und Marine umfaßte. Weniger die Internationalität militärischer Problemstellungen als die „Nationalität" des Verhältnisses von Militär und Gesellschaft zwingt dazu, die innenpolitischen Strategien der bewaffneten Macht ins Auge zu fassen. Von dieser methodischen Basis her muß die Besonderheit der Position des deutschen militärischen Komplexes in die Untersuchung einbezogen werden. Dennoch sind Rohwers Hinweise von großer Bedeutung. Ein bloßer „Verbrauch" militärischer Argumentationen für systempolitische Zielprojektionen kann zu Mißverständnissen führen. Qualifizierungen wie: halbfeudale Tradition u. a. würden dabei auch zu inhaltslosen Schlagworten.

In der neueren Forschung sind diese Fragen noch sehr umstritten. Wehler und Berghahn folgen Kehrs Thesen mit nachdrücklichen Formulierungen.[36] Aber wie paßt der „Gegensatz" Kriegsministerium – Generalstab und Armee – Marine in der „Rüstungsfrage" – wie in anderen, vor allem ideologischen Bereichen – in das einheitliche Modell der konservativen Stabilisierungspolitik? Soweit die Interessen der Rüstungsindustrie mit ins Spiel gebracht werden, ist durchgängig festzustellen, daß die neuere Literatur die Frage der Heeresvermehrung mit „Rüstung" verwechselt. Die Rüstungsindustrie hätte auch bei konstanten Größenverhältnissen der Armee im Rahmen von Modernisierungsprogrammen verdienen können. Als Ergebnis ist festzustellen, daß moderne Ansätze ein schärferes Problemverständnis wachgerufen haben. Sie können in den Ergebnissen nicht immer überzeugen. Wichtige Fragen sind provoziert worden. Die Wissen-

---

[36] Ihre umfänglichen Arbeiten lassen es aber kaum zu, sie auf „Formeln" festzulegen.

96

schaft ist in Bewegung geraten. Das Verhältnis Armee–Reichstag kann nicht nur im Blick auf innenpolitische Motivationen „neuer" Art (Systemstabilisierung) gesehen werden. Überkommene militärimmanente Faktoren spielen eine ebenso große Rolle wie außenpolitisch-strategische.

Die neuere Literatur in der DDR hat sich mit dem Verhältnis Bewaffnete Macht–Reichstag kaum beschäftigt. Selbst eine das Thema anvisierende Arbeit wie die von Manfred Weien [37] verwendet ohne nähere Betrachtung der parlamentarischen Taktik lediglich einen allgemeinen Militarismusbegriff und kommt im wesentlichen nicht über ältere Positionen hinaus. Weien geht von der Vorstellung einer eigens „herausgearbeiteten Staatsform der bonapartistischen Monarchie" aus, die alle besitzenden Klassen gegen das Andrängen der Arbeiterklasse schützen sollte. Das diesem System innewohnende Prinzip der Gewaltenteilung sei für bonapartistische Zwecke besonders geeignet gewesen und habe daher hohe Anforderungen an die Parlamentstaktik der „revolutionären Kräfte der deutschen Arbeiterbewegung" gestellt, zugleich aber unter allen Institutionen des Militärstaats die günstigsten Ansatzpunkte geboten. Die Strategie der Sozialdemokratie, den Reichstag zu stärken und damit für sich selbst neue Entwicklungsmöglichkeiten zu schaffen, wird deutlich, aber die naheliegende Frage, inwieweit gerade diese Strategie antiparlamentarisches Denken der bewaffneten Macht gestärkt hat, nimmt Weien nicht auf. Sie kommt gar nicht in den Blick. Bei Engelberg, Klein und Streisand sind ebenfalls keine näheren Aufschlüsse zu finden. Behandelt werden dagegen der Zusammenhang zwischen dem „antimilitärischen Kampf" innerhalb und außerhalb des Reichstags und dem Anwachsen der Sozialdemokratie [38] sowie – äußerst knapp – die „ständigen Angriffe auf

---

[37] M. Weien: Der Kampf der deutschen Sozialdemokratie im Reichstag für Demokratie und gegen Militarismus 1878 bis 1884, in: Die großpreußisch-militaristische Reichsgründung 1871, Bd. 2, S. 357–396 (357 f.).

[38] Engelberg: Deutschland 1871–1897, S. 360 f.

die ohnehin schon so begrenzten parlamentarischen Rechte" im Zusammenhang mit „der Politik der Kriegsrüstung" [39]. In einen Vergleich mit neueren quellengesättigten Darstellungen, wie etwa die Berghahns, können diese Arbeiten nicht gestellt werden. Erwähnt sein mag die dem Kriegsministerium nicht gerecht werdende Behauptung bei Förster-Helmert-Otto-Schnitter [40], der Generalstab habe bereits in Friedenszeiten „in den meisten Fällen" das entscheidende Stimmengewicht gegenüber dem Kriegsminister, dem Chef des Militärkabinetts und den übrigen militärischen Führungsorganen besessen. Seit den neunziger Jahren sei seine „innere Funktion" stärker in den Vordergrund getreten. Er arbeitete „vielfach hinter den Kulissen" mit der politischen Reichsleitung und in Einzelfragen auch mit dem Reichstag zusammen. Sein Aufgabenbereich berührte „mehr oder weniger alle Gebiete der Politik". Diese Argumentation scheint darauf hinauszulaufen, daß der Generalstab auch gegenüber dem Reichstag als das eigentlich leitende Organ der Armee aufgetreten sei. Seine innere Funktion „umfaßte in erster Linie die militärische Sicherung der junkerlich-kapitalistischen Klassenherrschaft".

---

[39] Klein: Deutschland 1897/98–1917, S. 61 ff.
[40] Der preußisch-deutsche Generalstab 1640–1965, S. 78 f.

VI. ARMEE – MARINE – AUSSENPOLITIK

Die Diskussion um die Rolle der bewaffneten Macht in der Außenpolitik des Kaiserreichs ist vor allem durch Gerhard Ritter neu entfacht worden, hat sich dann aber stark auf die Behandlung des Militarismusproblems verlagert. Neben der bald einsetzenden Kritik, vor allem durch Ludwig Dehio, schien aber doch die grundsätzliche Feststellung Ritters Bestand zu haben, daß es Bismarck gelungen sei, den „natürlichen Gegensatz" zwischen Heeres- und Staatsführung [1] im Sinne der Prädominanz der politischen Leitung zu beherrschen. Dieser unterstellte „natürliche Gegensatz" gehört zu Ritters grundlegenden Annahmen, ist aber von einer gesamtgesellschaftlichen Betrachtung her in Frage gestellt worden und wurde bereits von Dehio nicht als Wesensmerkmal angesehen. Soweit diese Differenzierung an die Charakteristik Moltkes und Bismarcks anknüpft, die bei Ritter bekanntlich eine eminente Rolle spielt, ist sie von der neueren Forschung generell nicht bezweifelt, dagegen sind in Einzelfragen neue Ergebnisse erzielt worden, die es fraglich machen, ob dieser „natürliche Gegensatz", soweit er mehr charakterisieren soll als bloßen Ressortegoismus, noch als fruchtbare Problemstellung angesehen werden kann.

Zu diesen Einzelfragen gehört die Ätiologie der Annexion Elsaß-Lothringens. Bisher schien, zunächst formuliert durch Johannes Ziekursch [2], schließlich maßgeblich sanktioniert durch Ritter, die Auffassung unbestritten, daß Bismarck nur unwillig, letztlich erst auf Drängen der Militärs, aber auch gegebene nationale Strömungen nutzend, der Einverleibung nicht deutsch sprechender Teile Lothringens zugestimmt habe. Ritter spitzt

[1] Staatskunst und Kriegshandwerk, Bd. 1, S. 284.
[2] J. Ziekursch: Politische Geschichte des neuen deutschen Kaiserreichs, Bd. 1, Frankfurt a. M. 1925, S. 325.

die Frage insbesondere auf Metz zu.[3] Der Forschungsstand hierzu ist umfassend dargelegt worden von Walter Lipgens.[4]

Neben vielen anderen Autoren hat vor allem auch Hans Rothfels die nationale Bewegung mit ihrem Druck auf die öffentliche Meinung als zwingenden Faktor in der Annexionsfrage angesehen, zwingend auch für Bismarck; daneben erwähnt er die strategischen Gründe [5] der militärischen Führung. Lipgens räumt der Annexionsfrage weitreichende Bedeutung für die Wende im deutsch-französischen Verhältnis ein, wie auch für die Genesis der Bismarckschen Reichsgründung überhaupt. Jede Beschäftigung mit der Einflußnahme der Militärs auf die Außenpolitik im Kaiserreich könnte deshalb legitimerweise hier einsetzen, nachdem die Auseinandersetzungen zwischen Bismarck und Moltke über Angelegenheiten der Kriegführung über Gebühr untersucht und zuletzt noch von Gerhard Ritter zum Gegenstand ausführlicher Betrachtungen gemacht worden sind. Es gibt auch kaum abweichende Meinungen im Hinblick auf die Relevanz solcher Fragestellungen. Sehr entschieden hat dagegen Helmut Böhme die Bedeutung der Kontroversen um die Annexion, die insbesondere in Beiträgen von W. Lipgens, E. Kolb, L. Gall und J. Becker ausgetragen wurden, in Abrede gestellt. Nach Böhme ist dabei nicht mehr zu erwarten als „ein neuer Höhepunkt einer polemisch deliziösen und zünftig verfeinerten Debatte, die aber ganz in der Tradition deutscher Historiographie zu diesem Problem geführt wird" [6].

[3] Staatskunst und Kriegshandwerk, Bd. 1, S. 323 ff.

[4] W. Lipgens: Bismarck, die öffentliche Meinung und die Annexion von Elsaß und Lothringen 1870, in: HZ 199, 1964, S. 31–112 (31 ff.).

[5] Vgl. H. Rothfels: Bismarck und der Osten, Leipzig 1934; ders.: Ostraum, Preußentum und Reichsgedanke, Leipzig 1935; Neudruck beider Arbeiten u. d. Titel: Bismarck, der Osten und das Reich, Stuttgart 1960, S. 29 f.; ders.: Bismarck und der Staat. Ausgewählte Dokumente, Darmstadt, 3. Aufl. 1958, Einl. S. XXXVIII f. Weitere Literaturangaben gibt Wehler: Krisenherde des Kaiserreichs, S. 331, Anm. 18.

[6] H. Böhme: Politik und Ökonomie in der Reichsgründungs- und späten Bismarckzeit, in: Das kaiserliche Deutschland, S. 32 f. Böhme

Zur Frage des Einflusses des strategischen Denkens auf die Annexion bringen die neuen Standpunkte gegen Ziekursch und Ritter Einschränkungen, insofern jetzt klarer – als noch in älteren Arbeiten vor Ziekursch möglich – formuliert wird, Bismarck sei schon seit Kriegsausbruch zur Annexion entschlossen gewesen, also in diesem Punkt kaum von den Militärs beeinflußt worden. Ältere Darstellungen [7] hatten in diesem Punkt Fragezeichen gesetzt, während Wehler in ›Krisenherde des Kaiserreichs 1871–1918‹ die populäre Strömung, die strategischen Argumente der Militärpartei sowie Bismarcks eigene Entschlossenheit zur Annexion nebeneinander stellt. Hinsichtlich Metz neigt er der Auffassung von Gerhard Ritter zu, nämlich dem Gedanken eines entscheidenden Anteils der militärischen Argumentation. In der neueren Arbeit, ›Das Deutsche Kaiserreich 1871–1918‹, stellt er demgegenüber fest, „die im weiteren Sinne innenpolitischen Überlegungen zusammen mit militärischen Forderungen" hätten die allgemeinen Erwägungen einer Verbesserung des deutschen Machtgewichts und höherer äußerer Sicherheit überwogen.

Lipgens weist darauf hin, daß es in den Jahrzehnten vor 1870 keine breite annexionistische Strömung in der öffentlichen Meinung gegeben habe, während Bismarck etwa seit 1867 für

---

hat hier folgende Arbeiten im Blick: L. Gall: Zur Frage der Annexion von Elsaß und Lothringen 1870, in: HZ 206, 1968, S. 265–326; W. Lipgens, a. a. O., u. ders.: Bismarck und die Frage der Annexion 1870. Eine Erwiderung, in: HZ 206, 1968, S. 586–617; R. Buchner: Die deutsche patriotische Dichtung vom Kriegsbeginn 1870 über Frankreich und die elsässische Frage, ebd., S. 327–336; J. Becker: Baden, Bismarck und die Annexion von Elsaß und Lothringen, in: ZGO 115, 1967, S. 167–204; E. Kolb: Bismarck und das Aufkommen der Annexionsforderung 1870, in: HZ 209, 1969, S. 318–356; Gall hat das Thema noch einmal aufgenommen: Das Problem Elsaß-Lothringen, in: Reichsgründung 1870/71, S. 366–385.

[7] So z. B. Herzfeld: Die moderne Welt 1789–1951, Bd. 1, Braunschweig 1950, und W. Bußmann: Treitschke. Sein Welt- und Geschichtsbild, Göttingen 1952, S. 331.

den Fall des Krieges an die Annexion des Elsaß gedacht habe. Eine Analyse der Presse, der Haltung der Nationalliberalen und der Berichte über Bismarck-Äußerungen läßt Lipgens zu dem Schluß kommen, Bismarck habe selbst maßgeblich die öffentliche Meinung pro-annexionistisch beeinflußt. In seinem zweiten Beitrag zum Thema [8] faßt Lipgens seine Auffassung dahin zusammen, „daß Bismarck, lange bevor die Militärs sich engagierten und ehe eine öffentliche Meinung breiteren Ausmaßes in dieser Frage entstand, von sich aus mit Kriegsausbruch 1870 die Annexion des Elsaß und des nördlichen Lothringens mit Metz beschlossen haben muß ...". Im Hauptquartier hat Bismarck den Gedanken „zur Ausbreitung gebracht" [9]. Sein Hauptmotiv sei – im Hinblick auf die süddeutschen Staaten – gewesen, „mittels der Aussicht auf Elsaß-Lothringen die deutschen Einigungsverhandlungen in Gang zu bringen" [10].

Lipgens bringt das Verhältnis Politische Leitung – Militärische Führung in der Annexionsfrage in neue Beleuchtung: angesichts der Belastung des deutsch-französischen Verhältnisses durch die Annexion und der Wirkung aller benutzten Argumente und Manipulationen auf das politische Denken in Deutschland ist diese Sicht der Zusammenhänge von einer Bedeutung, die bisher nicht genug in den Blick gekommen ist, weil sich die Auseinandersetzungen meist auf die Ebene Bismarck – Presse – öffentliche Meinung allein erstreckten. So haben Lipgens' Ausführungen, soweit sie Bismarck als Urheber der Annexionsforderung in der öffentlichen Meinung herausstellen, zwar zunächst Gerhard Ritter, Egmont Zechlin, Hans Herzfeld und andere überzeugt, wurden dann aber von Lothar Gall und Eberhard Kolb scharf angegriffen.[11] Überwiegend wird nun angenommen, daß es neben

8 Lipgens, HZ 206, S. 587.
9 Lipgens, HZ 199, S. 69.
10 Ebd., S. 74.
11 Kolb, S. 319, weist auf diese Rezeption der Lipgens-Argumentation hin: z. B. Ritter in der 3. Aufl. 1965 des 1. Bandes von ›Staatskunst und Kriegshandwerk‹, S. 396; Herzfeld: in: GWU 16, 1968,

und trotz Bismarck einen spontan aufbrechenden Annexionswillen in der deutschen Öffentlichkeit gegeben habe.

Lipgens' Beschreibung der Haltung des Generalstabs wird damit nur um so diskussionswürdiger. Angesichts der Hinweise in der Moltkeliteratur [12] auf die Entschlossenheit des Generalstabschefs, „einen Gebietserwerb aus dem Kriege heimzubringen", den er als Notwendigkeit, als Berechtigung des Siegers, als nationalgeschichtlich und militärgeographisch wichtig ansah, verflüchtigt sich in Lipgens' Sicht dieses Interesse des Generalstabs hinter der Regie Bismarcks. Weder Moltke noch irgendein anderer Offizier habe in den ersten acht Wochen in einem erhaltenen Schriftstück oder Bericht „die Annexionsmöglichkeit auch nur einmal erwähnt!" Bismarck habe aus dem Kabinettskrieg den Nationalkrieg werden lassen. Nach sechs Wochen wäre die Beendigung möglich gewesen, zu einer Zeit, als noch kein „energischer Widerstand der Militärs" ihn gehindert hätte, die Annexionsforderung fallenzulassen. Später sind Bismarck, nicht zuletzt wegen der Reaktionen im Ausland, Bedenken gekommen. Seine Haltung ist nunmehr von einem „merkwürdigen Schwanken" gekennzeichnet. Er deutet an, sich vielleicht nur mit dem Elsaß zufriedenzugeben. Hier setzt die Frage ein, ob es zu einem „Kampf" mit den Militärs um Metz gekommen ist. Die dahingehende Behauptung Bismarcks ist von der Geschichtswissenschaft aufgenommen worden. Aber weder Rudolf Stadelmann [13] noch Gerhard Ritter kommen im Ergebnis dazu, „Entzweiung zwischen Politik und Strategie" anzunehmen. Im Kampf um die Waffenstillstandsbedingungen standen sich die politische und militärische Führung in weitaus grundsätzlicheren Positionen gegenüber.

Bei Lipgens wird Bismarck zum Advokaten des Nationalkrieges, die Militärs zögern eher, wollen sich dann aber, von

S. 447; E. Zechlin: Die Reichsgründung, Frankfurt a. M. 1967, S. 158 (= Deutsche Geschichte, Ereignisse und Probleme).

[12] Vgl. u. a. Kessel: Moltke, S. 573.

[13] Stadelmann: Moltke und der Staat, S. 224.

Bismarck erst einmal mitgerissen, auch nicht mehr militärisch interessante Ziele aus der Hand nehmen lassen, während Bismarck, in der Frage Lothringens bedenklicher geworden, dann dem Kampf gegen den Generalstab ausweicht: „Er hat nicht einmal angesetzt zu einer Kraftprobe, wie er sie im Monat zuvor hinsichtlich der Waffenstillstandsbedingungen siegreich durchgestanden hatte." [14] Mit Zweifeln an der Vernunftgemäßheit der Einverleibung Lothringens hielt Bismarck es, nach Lipgens, wahrscheinlich nicht mehr für der Mühe wert, sich wegen Metz auf eine Auseinandersetzung mit den Militärs einzulassen.

Es ist die Frage zu stellen, ob wirklich die „ersten acht Wochen" für die Beurteilung der militärischen Führung so entscheidend sind. Moltke hat schon lange vorher den Nationalkrieg vor Augen gehabt. Auch die Annexion Elsaß-Lothringens war ihm ein vertrauter Gedanke ebenso wie die damit verbundene Erkenntnis, daß dadurch künftige Waffengänge provoziert werden konnten. Die außenpolitische Belastung des deutschfranzösischen Verhältnisses durch die Annexion Elsaß-Lothringens, durch den damit notwendigerweise längeren Krieg, muß auch nach dieser jüngsten wissenschaftlichen Kontroverse zu einem erheblichen Teil der militärischen Führung zugerechnet werden. Möglich, daß die Motive Bismarcks während der Erörterungen – nicht Auseinandersetzungen – nuancierter gesehen werden müssen aufgrund der Überlegungen, die Lipgens dazu vorgetragen hat. Aber aufgrund der Ausführungen Kolbs zum „Kriegsrat zu Herny" vom 14. August 1870, bei dem ein, wenn auch nicht detailliert erkennbarer Annexionsentschluß gefaßt worden sein muß, ist wohl davon auszugehen, daß es in den Kriegszielen keine wesentlichen Meinungsverschiedenheiten zwischen politischer und militärischer Führung gab, soweit Annexionen zur Debatte standen. Übereinstimmung „muß bestanden haben", nach weiteren Siegen eine Gebietsabtretung zu verlangen „und dem zu erwerbenden Gebiet den Status eines

---

[14] Lipgens, HZ 199, S. 92.

‚Reichslandes' zu geben". Kolb bezeichnet das Resultat von Herny als „erste Ergebnisse im Prozeß der politischen Willensbildung im innersten Führungskreis". Zwar lassen die auf diesem „Kriegsrat" fußenden Verlautbarungen und Mitteilungen nicht erkennen, wie im einzelnen diskutiert, insbesondere nicht, was von Bismarck und was von militärischer Seite vorgetragen worden ist, aber Kolbs Hinweise stützen die These noch stärker ab, daß anfängliche Gemeinsamkeiten dagewesen sein müssen, von denen Bismarck später schwerlich abweichen konnte.[15] Insofern kann kaum davon gesprochen werden, daß die Frage, „welche Motive und Kräfte im einzelnen auf die Entscheidung zugunsten der Annexion von Elsaß und Lothringen im Jahre 1870 eingewirkt haben", heute wieder „weitgehend offen" sei (Gall). Soviel scheint doch sicher zu sein, daß Bismarck zwar nicht auf Druck der Militärs handelte[16], wie die ältere Forschung weitgehend angenommen hat, daß aber auch die Militärs hier nicht erst voranmanövriert werden mußten. Den Gedanken, die militärische Führung sei erst durch die spontane Forderung in der öffentlichen Meinung auf den Annexionskurs eingeschwenkt, legt eine Formulierung Galls nahe, der von der geostrategischen Sicherung der Südwestflanke spricht, „wie sie sowohl die öffentliche Meinung vor allem Süddeutschlands als *dann* auch die Militärs forderten"[17]. Eine derartige Reihenfolge im Ablauf der Motivationen ist wohl von Gall nicht beabsichtigt, sie ließe sich kaum belegen. Daß aber überhaupt in diesem Punkt mißverständlich argumentiert werden kann, liegt daran, daß die meisten neueren Untersuchungen sich zwar eingehend mit Bismarck und der öffentlichen Meinung, weniger indes mit der Haltung der militärischen Führung befassen. Gall setzt dagegen selbst wieder den Akzent auf „rein militärische Sicherheits-

[15] E. Kolb: Der Kriegsrat zu Herny am 14. August 1870, in: MGM 1/71, S. 5–13.

[16] So, die Ergebnisse der Kontroverse um die Annexion zusammenfassend, auch A. Hillgruber: Bismarcks Außenpolitik, Freiburg i. Br. 1972, S. 117 f. (zit.: Außenpolitik).

[17] Gall: Das Problem Elsaß-Lothringen, S. 378.

erwägungen" und stellt insgesamt die Lösung der Elsaß-Loth-ringen-Annexion in den Rahmen der Gleichgewichtspolitik Bismarcks, die aus der Sicht von 1870/71 gegenüber Frankreich nicht so generös habe gehandhabt werden können wie 1866 gegenüber Österreich. Diese These bedürfte noch eingehender Prüfung, zumal sie die Motive des Generalstabs ebenfalls gleich-sam auf eine andere Ebene zu heben geeignet wäre. Eine größere Wirkung ist ihr bisher versagt geblieben.

Dem Krieg gegen die Republik ist von der Forschung bis heute wegen des Gegensatzes zwischen Bismarck und dem Generalstab große Aufmerksamkeit geschenkt worden. An diesem Beispiel ließ sich das Funktionieren oder Nichtfunktionieren des Systems der Doppelspitze unter dem Monarchen anschaulich zeigen. Die außenpolitische Relevanz war dabei offenkundig. Sie ist neuer-dings noch einmal klar von A. Hillgruber herausgestellt wor-den. Seine kurze Beleuchtung der Problematik stellt die Posi-tionen der politischen und militärischen Führung scharf heraus.[18] Danach ist etwa folgende Problemstellung gegeben: der Ent-schluß zur Annexion ist von der politischen und militärischen Führung gemeinsam getragen worden. Der folgende lange Krieg stellte die militärische Führung vor Probleme, „die sie im Grunde ... nicht gelöst hat"[19]. Entscheidend war für den gün-stigen Ausgang Bismarcks „Geschick und Glück" bei der Isolie-rung Frankreichs. Der über der Frage der Beschießung von Paris – Bismarck forderte sie bekanntlich zur Abkürzung des Krieges – aufbrechende Gegensatz zwischen Bismarck und dem Generalstab wurde bald zur Auseinandersetzung über Grund-fragen, über die weitere Zielsetzung des Krieges, zur Ausein-andersetzung darüber, wer im Kriege die Entscheidung zu fällen habe: politische Führung oder Generalstab. Moltke vertrat den Gedanken des „Exterminationskrieges", also einer langfristigen Ausschaltung der Potentiale des Gegners, um ihn aus der Reihe der Großmächte auszuschalten. Bismarck setzte sich schließlich

18 Hillgruber: Außenpolitik, S. 125 f.
19 Ebd.

gegen die „in die große Politik eindrängenden Militärs" durch und konnte die Kapitulationsverhandlungen, die in die Präliminarfriedensverhandlungen überleiteten, nach eigenen Vorstellungen führen. Frankreich blieb so als Großmacht existent und damit schien die Gefahr einer „Festlegung" der übrigen Großmächte gegen Deutschland gebannt.

Hillgruber schließt sich in der Gesamtwürdigung der Auseinandersetzung stark an Gerhard Ritter an. Ritter hebt hervor, daß für Moltke der Krieg gegen Frankreich kein „europäisches Ereignis", das alle großen Mächte in seinen Bann zog, sondern ein bloßer Zweikampf, aber einer mit schicksalhaften Zügen, gewesen sei. So kam es zum „schwersten aller Zusammenstöße zwischen den Beratern der Krone" [20]. Moltke wollte Frankreich schlagen, daß es sich in hundert Jahren nicht wieder erholen könne. Aber Bismarck schloß keinen Diktatfrieden – doch auch keinen Versöhnungsfrieden im Stil von 1866, „denn er verwundete das Selbstgefühl des Besiegten tödlich". Bismarck sei deshalb noch lange nicht „in die fatalistische Haltung des Nationalismus, die wir von Moltke her kennen, daß der Krieg ein übermächtiges Schicksal sei . . ., zurückgesunken" [21].

Die Auseinandersetzung Bismarck – Moltke war mehr als ein Gegensatz der Temperamente, mehr als ein Kompetenzkonflikt, nämlich ein Kampf um den Primat der Politik im Kriege. Moltke hat mit seiner Auffassung gegen Clausewitz Schule gemacht. Militärische Schriftsteller nahmen nach 1871 selbstverständlich Partei für die Moltke-Auffassung [22], und im Generalstab setzte sich die Überzeugung fest, die Einmischung der Politik in die Kriegführung sei ein Verderb. Rudolf Stadelmann hat darauf hingewiesen, daß Moltke erst im Krieg von 1870

[20] Staatskunst und Kriegshandwerk, Bd. 1, S. 283 f. Auf diese Sicht des Nationalkriegs als Zweikampf hat auch Stadelmann: Moltke und der Staat, S. 211, hingewiesen.

[21] Staatskunst und Kriegshandwerk, Bd. 1, S. 328.

[22] C. v. Clausewitz: Vom Kriege, 17. Aufl., Bonn 1966, hrsg. v. W. Hahlweg. Einleitung Hahlweg: Das Clausewitzbild einst und jetzt, S. 23.

„eine Monopolstellung der strategischen Spitze für die Dauer des Feldzuges" zu fordern begann. Seine Schüler im Generalstab, die „Halbgötter", haben den Ressortkampf dann dogmatisiert. Von der Idee des „reinen oder absoluten Krieges her" erhielt nach Stadelmann Moltkes Konflikt mit Bismarck erst „seine Größe und seine verderbliche, schulbildende Kraft" [23].

Diese Interpretationen, die im wesentlichen den Forschungsstand wiedergeben [24], vermögen wichtige Aufschlüsse über das Verhältnis zwischen der militärischen und politischen Führung zu geben. Sie sind aber noch zu ergänzen durch Hinzunahme einer Strukturanalyse des preußisch-deutschen Militärstaats. Eberhard Kolb hat auf den institutionellen Dualismus zwischen militärischer und politischer Führung hingewiesen, „der die eigentliche Voraussetzung des Zerwürfnisses gebildet hatte" [25], der auch nach der Annäherung der beiden Kontrahenten erhalten und für die weitere Entwicklung konstitutiv blieb. Daher kommt dem Hinweis Stadelmanns, daß Moltke erst 1870 die Monopolstellung der strategischen Spitze angestrebt habe, nur relative Bedeutung zu. Zur weiteren Aufhellung muß auf Bismarcks Haltung in der Konfliktzeit, auf den ihm damals gegebenen Spielraum und schließlich, weiter ausholend, auf die Gesamtproblematik des preußischen Konstitutionalismus zurückgegriffen werden. Es ist abzuheben auf die inneren Bedingungen der „militärischen Phase der Revolution von oben", auf die in anderem Zusammenhang schon eingegangen worden ist. Auch für diesen Problemkreis gilt, daß die Bismarckzeit für die be-

---

[23] Stadelmann: Moltke und der Staat, S. 211.

[24] Eine kurze Übersicht über den Forschungsstand bietet E. Kolb: Kriegführung und Politik, in: Reichsgründung 1870/71, S. 97 f. Von älteren Arbeiten sind noch zu nennen H. Oncken: Politik und Kriegführung, 1928; A. Klein-Wuttig: Politik und Kriegführung in den deutschen Einigungskriegen 1864, 1866 und 1870/71, 1934; R v. Albertini: Politik und Kriegführung in der deutschen Kriegstheorie von Clausewitz bis Ludendorff, in: Schweiz. Monatsschrift für Offiziere aller Waffen 59, 1941, H. 1–3.

[25] Kolb: Kriegführung und Politik, S. 117.

waffnete Macht „eine Ära der politischen Fehlansätze" gewesen ist.[26] Auf den Zusammenhang der „einseitigen Entwicklung des militärtechnischen Denkens in Preußen-Deutschland" mit sozialen und strukturellen Faktoren weist neuerdings auch Wehler hin.[27] Insgesamt läßt sich der Forschungsstand zum Gegensatz politische Führung – militärische Führung 1870 dahingehend beschreiben, daß die weitreichende, bis 1918 fortwirkende Kraft des militärischen Monopolanspruchs festgestellt ist. Die wesentliche Konfrontation fand über Zeitpunkt und Inhalt des Friedensschlusses, damit über hochpolitische Fragen statt, die über die künftige Konstellation der Großmächte mitentschieden. Die Forschung sieht die Zusammenhänge struktureller Art im Hintergrund des Konflikts. Überwiegend aber bleibt noch einseitig das Feld der Außenpolitik im Kreis der Fragestellungen. In diesem Bereich hat sich der Vergleich der Denkweisen Moltkes und Clausewitz' als nützlich erwiesen, gelegentlich aber auch als bequeme Endstation aller Fragestellungen.

Die Einflußnahme der Armeeführung auf politische Entscheidungen nach 1871, ihr Versuch, auf den Kurs einzuwirken, ist in der Forschung überwiegend mit dem Monopolstreben des Generalstabs in Verbindung gebracht worden. Darüber hinaus ist darauf aufmerksam zu machen, daß der Sieg über Frankreich allein mit der Schlagkraft der Linienarmee und ihrer Reserven, also ohne Rückgriff auf die Volkskraft im weiteren Sinne, den Glauben an den kurzen Krieg im Generalstab befestigt hat, obwohl der Kampf der Republik gegen die stehende Armee des Siegers zumindest eine Teilwiderlegung dieser strategisch-politischen Vorstellungen bedeutet hat, die Moltke sah, aber nicht weiter für die Entwicklung von Strategie und Kriegsbild ausnutzte.[28] So konnte die Armee auf der Grundlage ihres teilweise widerlegten Kriegsbildes und der damit korrespondierenden

[26] Messerschmidt: Die Armee in Staat und Gesellschaft – Die Bismarckzeit, S. 96.
[27] Wehler: Krisenherde des Kaiserreichs, S. 96.
[28] Messerschmidt: Handbuch zur deutschen Militärgeschichte, Abschnitt 1814–1890.

Staats- und Gesellschaftsvorstellung in das letzte Drittel des 19. Jahrhunderts und in das 20. Jahrhundert hineingehen. Die Diskussion um die Präventivkriegkonzepte des Generalstabs kann von der Analyse dieses Grundverständnisses künftiger Kriege aus sicherlich weitergebracht werden. Denn es scheint, daß nur von hier aus ein Verständnis dafür zu gewinnen ist, daß die militärische Führung in der Erhaltung der militärischen Überlegenheit des Reiches, wie sie sich in Ziffern und Qualitäten berechnen und festlegen ließ, ein ausschlaggebendes politisches Ziel erblicken konnte, das gegebenenfalls auch mit einem Präventivkrieg sichergestellt werden mußte, ohne sich um die Auswirkungen auf das Mächtesystem und die nationalen Psychologien große Sorgen zu machen. Aber es läßt sich wohl sagen, daß bis zur grundsätzlichen Auseinandersetzung um die Notwendigkeit des Präventivkrieges 1887 politische Führung und Armeeführung generell in Grundsatzfragen übereinstimmten, sich dagegen unterschieden in der Beurteilung von Tempofragen und in der Einschätzung moralisch-psychologischer Faktoren. Das begann schon 1872, als Moltke in einem Aufmarschplan das deutsche Kriegsziel so umschrieb: „Endlich den Vulkan zu schließen, welcher seit einem Jahrhundert Europa durch seine Kriege wie durch seine Revolutionen erschüttert." Gerhard Ritter sieht diesen Aufmarschplan im Zusammenhang mit Moltkes Annahme, ein Revanchekrieg stehe in Aussicht. Die Möglichkeit eines Präventivkrieges war leise angedeutet. Ähnlich habe Moltke 1875 während der „Krieg-in-Sicht-Krise" gedacht (Gespräch mit dem belgischen Gesandten Nothomb). Obwohl er 1871 gelernt habe, daß es „kein Cannae und auch kein Königgrätz" mehr geben könne, obwohl er eine Ermattungsstrategie verfolgt habe, wäre ihm das praevenire weiterhin sinnvoll erschienen. Bismarck hat nach Ritter das Nothomb-Gespräch nicht ungern gesehen in dieser von ihm selbst provozierten Krise, die dazu bestimmt war, Frankreich einzuschüchtern, das soeben ein neues Heeresgesetz eingeführt hatte. Bismarck steuerte nach Ritter 1875 einen friedlichen Kurs, dem Moltke letztlich nicht opponiert habe. Moltke betrachtete aber im Gegensatz zu Bismarck die französische und dann auch die russische Frage „mehr vom Gesichtspunkt der Nationalität und der in ihr schlummernden Zukunftsmöglichkeiten" als von dem der „kühlen Staatsraison".

Ist es ein echtes Problem für die Forschung, militärische Führung und Bismarck von diesen Kategorien her zu sehen? „Raison" und Kalkül steckte auch in den Plänen des Generalstabs. Ja, den Aufmarschplan vom Februar 1877 sieht Ritter als Ergebnis politischer Wünsche Bismarcks an, deshalb, weil die große Schlacht gegen Frankreich und nicht gegen Rußland geschlagen werden sollte. Moltke unterstellte in diesem Plan, Deutschland werde am fünften Mobilmachungstag Frankreich den Krieg erklären, „ohne Rücksicht darauf, welche Haltung Frankreich bis dahin gezeigt hat". Ritter sieht hier „schon jene unheimliche Zwangsläufigkeit wirksam, die zu überstürzten Kriegserklärungen aus rein militärischen Gründen führt" [29]. Das Ganze erinnert bereits an die Geschehnisse von 1914.

Hillgruber bringt Bismarcks Politik nach 1871 in andere Zusammenhänge, die sein Verhalten während der „Krieg-in-Sicht-Krise" in anderem Licht erscheinen lassen. Die in älteren Arbeiten erkennbare „harmonisierende Deutung" der Außenpolitik Bismarcks zwischen 1871 und 1875 ist vorher schon von Martin Winckler kritisiert worden.[30] Hillgruber erblickt in der „Krieg-in-Sicht-Krise", oder besser in der ihr zugrundeliegenden Konstellation der Mächte eine „Wegscheide der Politik" [31], eine

---

[29] Ritter: Staatskunst und Kriegshandwerk, Bd. 1, S. 292.

[30] M. B. Winckler: Bismarcks Bündnispolitik und das europäische Gleichgewicht, Stuttgart 1964; ders.: Der Ausbruch der „Krieg-in-Sicht-Krise" vom Frühjahr 1875, in: Zeitschrift für Ostforschung 14, 1965, S. 671 ff.; ders.: Rußland, die „Krieg-in-Sicht-Krise" und der Beginn des deutsch-dänischen Sprachenkampfes, in: Jahrbuch der Albertus-Universität zu Königsberg/Preußen 15, 1965, S. 202 ff.; ders.: Wilhelms I. Thronrede (29. 10. 1874) und die Herbstkrise des Jahres 1874, in: Jahrbuch der Albertus-Universität zu Königsberg/Preußen 18, 1968, S. 310 ff.

[31] A. Hillgruber: Die Krieg-in-Sicht-Krise 1875 – Wegscheide der Politik der europäischen Großmächte in der späten Bismarck-Zeit, in:

Formulierung, die auch von Klaus Hildebrand [32] übernommen worden ist. Hillgruber weist einmal darauf hin, daß auch Bismarck mit der Drohung des Präventivkrieges taktierte (Artikel in der ›Post‹ vom 8. 4. 1875), zum anderen macht er auf den Doppelcharakter der Pressionen gegen das französische Cadre-Gesetz aufmerksam. Es handelte sich in Bismarcks Kalkül nicht nur um ein Nahziel, sondern um ein „scheinbar begrenztes, in Wirklichkeit sehr weitreichendes Ziel" [33]. Im Erfolgsfalle wäre Frankreich „für lange Zeit zu einer Macht zweiten Grades herabgesunken", ja in die Stellung eines „abhängigen Juniorpartners" geraten. Das sind weitreichende Schlußfolgerungen, die einen Vergleich mit den Zielen des Generalstabs nahelegen könnten, wobei dann nicht viel mehr als eine Differenz in den Mitteln zu konstatieren übrigzubleiben scheint. Das nüchterne, an der Staatsraison orientierte Kalkül Bismarcks scheint jedenfalls in der „Krieg-in-Sicht-Krise" eine sehr kurzlebige Taktik gewesen zu sein, die im Ergebnis die Gefahr eines diplomatischen Zusammenwirkens zwischen Rußland, England und Frankreich heraufbeschwor, der Bismarck nur knapp durch Rückzug entging. Rußlands und Englands Intervention schrieben endgültig das Deutsche Reich auf den Status von 1871 fest und ließen die Mächtekombination von 1914 zum erstenmal als Vision erscheinen. Ohne Krieg war Machterweiterung nicht mehr möglich.

Diese Erkenntnis stellt die späteren Präventivkriegspläne des Generalstabs in neue Zusammenhänge. Sie bedeuteten nun nicht nur in der Sicht der Militärs, sondern auch in den Augen der politischen Leitung das Aufgreifen elementarer, existentieller Zielorientierungen. Zugleich war mit ihnen seit 1878 stets die Entscheidung gegen Rußland verbunden, die Bismarck vermeiden wollte. Moltke aber ging seit dem Dezemberplan von 1878

Gedenkschrift Martin Göhring. Studien zur Europäischen Geschichte, hrsg. v. E. Schulin, Wiesbaden 1968, S. 239 ff.

[32] K. Hildebrand: Von der Reichseinigung zur „Krieg-in-Sicht-Krise". Preußen – Deutschland als Faktor der britischen Außenpolitik 1866–1875, in: Das kaiserliche Deutschland, S. 205–234 (208).

[33] Hillgruber: Außenpolitik, S. 141.

davon aus, daß angesichts der Stärke des französischen Festungssystems die Entscheidungsschlacht im Osten gesucht werden müsse, wenn er auch nicht mehr an einen Totalsieg im Osten glaubte.[34] In der neueren Literatur wird im Anschluß an Ludwig Dehio der Kurs der deutschen Politik, werden – implizit – auch die Lösungsvorstellungen in der Führungsspitze mit den Zwangsläufigkeiten „halbhegemonialer Stellung" Deutschlands nach 1871 in Zusammenhang gebracht.[35] Zu diesen Zwangsläufigkeiten gehörte auch die innere Problematik des Reiches, so daß hier durchaus Anknüpfungsmöglichkeiten für eine Betrachtung unter dem Gesichtspunkt eines Primats der Innenpolitik gegeben sind.

Für die Interpretation potentieller und faktischer militärischer Einflußnahme auf die Außenpolitik stehen gegenwärtig im wesentlichen drei Ansätze in der Forschung zur Verfügung, die bei Abweichungen im Detail jeweils von mehreren Forschern repräsentiert werden:

Ritter formuliert für die hier interessierende Zeit nach der Reichsgründung einen Gegensatz militärischer und politischer Beurteilung der Mächtekonstellation in Europa. In den Augen der Militärs kam eine Zukunft herauf, die ohne kriegerischen Konflikt nicht zu meistern war: „Die politische Phantasie bewegt sich in weiten, oft etwas vagen Horizonten. Das komplizierte Kräftespiel der Mächte und Interessen wird stark vereinfacht. Was interessiert, ist nur das Machtbedürfnis der Staaten – – – Alles wird auf einen Nenner möglicher Kriegsmotive gebracht"[36]. Auch die Krise von 1887, das Zusammenspiel der deutschen und österreichischen Generalstäbe, Waldersees Präventivkriegsplan, dem Moltke zugestimmt hat, ordnet

---

[34] Vgl. dazu auch G. Ritter: Der Schlieffenplan. Kritik eines Mythos, München 1956, S. 16.

[35] So Stürmer: Bismarck und die preußisch-deutsche Politik, S. 40; Hillgruber: Außenpolitik, S. 129 ff. u. a. L. Dehio: Deutschland in der Epoche der Weltkriege, in: Deutschland und die Weltpolitik im 20. Jahrhundert.

[36] Staatskunst und Kriegshandwerk, Bd. 1, S. 300.

Ritter in sein Erklärungsmodell ein, auf dessen anderer Seite Bismarcks sittlich getragene Staatsraison zu finden ist, die zwar „den Krieg als Mittel der Machtpolitik" nicht scheut, ihn aber nur für „vitalste Interessen des Landes" zu führen bereit ist – unter Einschluß des Angriffskrieges.

Der zweite, ebenfalls an der Außenpolitik orientierte Ansatz geht auf Dehios Gedanken von der halbhegemonialen Stellung des Reiches nach 1871 zurück. Hillgruber hat diese fruchtbare Perspektive durch die Überlegung differenziert [37], nach 1871 hätten dem Deutschen Reich im Grunde nur drei Möglichkeiten offengestanden: 1. die Einigung mit anderen Großmächten über Interessensphären auf Kosten kleiner Staaten; 2. Präventivschläge gegen einzelne potentielle Gegner zur Absicherung der eigenen Überlegenheit und vor allem zur Verhinderung einer möglichen Gegenkoalition auf dem Kontinent; 3. die Ablenkung der Spannungen von der Mitte auf die Peripherie, ja Ablenkung der Großmächte nach Übersee und Ausnutzung der sich zwischen ihnen aufladenden Gegensätze.

Die „Krieg-in-Sicht-Krise" bewies die Unmöglichkeit des zweiten Weges, während der erste Weg Pufferzonen beseitigt und die Großmächte noch direkter aneinandergebracht haben würde. So blieb Bismarck nach 1875 in dieser Sicht nur der dritte Weg – und er mußte daher gegen die Präventivkriegspläne des Generalstabs 1887 scharf Stellung nehmen.

Das Verhältnis Bismarck–Generalstab erhält durch diese Interpretation gegenüber der Auffassung Gerhard Ritters eine weniger dramatische Note. „Natürliche Gegensätze" sind nicht mehr entscheidend, sondern unterschiedliche Lagebeurteilungen. Der Generalstab scheint auf einer Stufe zu verharren, die Bismarck 1875 verlassen hat. Allerdings wäre von Hillgruber noch deutlicher zu machen, ob er die Überlegungen Waldersees und Moltkes in der Krise von 1887 als überholtes Präventivkriegs-

<hr>

37 Hillgruber: Außenpolitik; ders.: Zwischen Hegemonie und Weltpolitik – Das Problem der Kontinuität von Bismarck bis Bethmann Hollweg, in: Das kaiserliche Deutschland, S. 187–204 (189 f.) (zit.: Hegemonie und Weltpolitik).

denken Bismarckscher Provenienz oder als „traditionelles Präventivkriegsdenken eng militärischer Prägung"[38] ansieht. Zu fragen wäre darüber hinaus, ob damit wirklich ein konstitutiver Gesichtspunkt erfaßt ist.

Helmut Böhme bezog, basierend auf seiner großen Arbeit ›Deutschlands Weg zur Großmacht‹, in einem Aufsatz[39] auch die achtziger Jahre in seine wirtschaftspolitische Analyse ein. Dieser Zugang versucht neben den erwähnten Ansätzen einen dritten Weg. Im Ergebnis sieht er Bismarcks Außenpolitik in der Krise von 1887 primär durch wirtschafts- und innenpolitische Probleme bestimmt. Es war die „Allianz von Roggen und Eisen" und der zu ihren Gunsten vornehmlich gegen Rußland gerichtete Schutzzoll, die „den endgültigen Bankrott des Primats jener angeblich unabhängigen Politik, wie sie dessenungeachtet für Bismarck und besonders für die Außenpolitik der 1880er Jahre ... bis heute immer wieder hervorgehoben wird"[40], herbeiführten. Zoll, und vor allem dann die Lombardpolitik, die Rußland vom deutschen Kapitalmarkt abschnitt, trieben den östlichen Nachbarn wirtschaftspolitisch in die Arme Frankreichs. Der Rückversicherungsvertrag hat dadurch entscheidend an Bedeutung verloren, aber die Tatsache seines Abschlusses während der wirtschaftspolitischen Kampfmaßnahmen gibt ihm doch einen besonderen „Stellenwert", auf den Hillgruber aufmerksam gemacht hat.[41]

Bislang ist in der Forschung der Zusammenhang von wirtschaftlichen Kampfmaßnahmen gegen Rußland und Präventivkriegsplänen des Generalstabs nur kursorisch behandelt worden, obwohl sich aufgrund des Nachweises von Wehler und Böhme, daß innenpolitische und soziale Bedingungen Bismarcks wirtschaftspolitischen Kurs erzwangen, eine neue Problemstellung ergeben hat. Böhme sieht eine gewisse Parallelität bei Bismarck

[38] Hillgruber: Hegemonie und Weltpolitik, S. 189.
[39] H. Böhme: Politik und Ökonomie in der Reichsgründungs- und späten Bismarckzeit, S. 26–49. (zit.: Politik und Ökonomie).
[40] Ebd., S. 40.
[41] Außenpolitik, S. 183.

und Moltke – Waldersee in der Einschätzung der russischen Gefahr. Bismarck wollte lediglich den letzten Schritt nicht tun: das einzige, was Bismarck strikt ablehnte, war des älteren Moltke Forderung vom 30. November 1887, „gegen Rußland angriffsweise vorzugehen" [42]. Weitere Schlußfolgerungen werden aus dem innenpolitischen Ansatz nicht gezogen. Wehler geht hier einen Schritt weiter. Er sieht in der Politik der Großmächte, im Verhältnis Deutschlands zu Frankreich, England und Rußland die Dominanz der „bleibenden Verhältnisse", den „Primat der Innenpolitik" [43]. Die Sperre des deutschen Kapitalmarktes für Rußland befriedigte zusammen mit der protektionistischen Zollpolitik die Interessen der Industrie und der ostelbischen Getreidewirtschaft, dämpfte aber auch die Aktivität der Militärs, die eine deutsche Finanzierung der russischen Westbahnen fürchteten. Bismarck setzte demnach den Präventivkriegsplänen des Generalstabs 1887 nicht nur ein kategorisches Nein entgegen, „sondern der kalte Wirtschaftskrieg schwächte diese Forderung auch durch begrenztes Entgegenkommen ab" [44]. Wehler weist auf wirtschaftspolitische und psychologische Momente in Moltkes Rußlandanalysen von 1877 und 1887 hin und öffnet damit den Blick auf komplizierte Zusammenhänge, die wieder aus dem Koordinatensystem herauszufallen drohen, wenn festgestellt wird, daß Bismarcks „kalter Finanzkrieg" die „Spitze der Präventivkriegspostulate" unstreitig abgestumpft habe. Langfristig wird eine nach innen und außen defensive Gesamtkonzeption des Kanzlers konstatiert, die mit einer „aggressiven Konsequenz der Verteidigungsmaßnahmen" verbunden gewesen sei. Hier liegt eigentlich schon ein Erklärungsschema für die deutsche Innen- und Außenpolitik bis zum Weltkrieg vor, aber die Position des Generalstabs im Parallelogramm der Kräfte bedarf noch weiterer Klärung. Im Konzept der

42 Böhme: Politik und Ökonomie, S. 47.

43 Wehler: Das Deutsche Kaiserreich 1871–1918, S. 184 ff.

44 Ebd., S. 191; und ders.: Krisenherde des Kaiserreichs, S. 174 f., vgl. hier auch S. 380, Anm. 32, die zum Präventivkriegsproblem angeführte Literatur.

innenpolitischen Systemerhaltung ist sicherlich eine Differenzierung der Rolle und des Selbstverständnisses von politischer Führung und militärischer Führung kaum möglich; Spielraum bleibt dagegen im Felde der Außenpolitik, wenn auch insgesamt viel für Wehlers Auffassung spricht, daß 1887 die Weichen für 1914 gestellt wurden. Immerhin liefen die Kontakte zwischen dem deutschen und österreichischen Generalstab nach 1887 „auf mittlerer Ebene" (Hillgruber) weiter. Der Generalstab sah 1888 in einem Operationsplan eine deutsch-österreichische Offensive im Osten vor. Bismarck lehnte es zwar ab, dem Bundesgenossen den Plan mitzuteilen – aber langfristig zielte der Generalstab damit doch an der politischen Leitung vorbei. Daneben bleibt Bismarcks kompliziertes Bündnissystem vordergründig. Einen kurzen Blick auf den Bedingungszusammenhang von Diplomatie und untergründigen Entwicklungen in Gesellschaft, Wirtschaft, Innenpolitik, Psychologie und militärischen Anschauungen bietet Hillgruber.[45] Hier sollten künftige Forschungsarbeiten ansetzen, sie kommen nicht an einer neuen Qualifizierung des Verhältnisses Bismarck – Generalstab vorbei.

Ist dieses Verhältnis unter dem „Neuen Kurs" seit 1890 grundlegend modifiziert worden, seit die politische Führung mehr oder weniger an die Auswegslosigkeit der deutschen Position zwischen Rußland und Frankreich glaubte? Gerhard Ritter wirft Schlieffen und seinen Plänen vor, daß sie der deutschen Diplomatie 1914 jede Bewegungsfreiheit genommen hätten.[46] Der Schlieffenplan hat als Idee einer „streng geschlossenen, zentral gesteuerten Gesamtaktion des Millionenheeres . . . aufgrund eines einzigen operativen Prinzips"[47] so etwas wie einen Lähmungseffekt auf die deutsche Außenpolitik gehabt, „mehr aus der Doktrin als aus der historisch-politischen Wirklichkeit entsprungen". Ritter bezeichnet die Tatsache, daß die politische Führung diesen Plan von 1905, ohne die gegen ihn sprechenden

[45] Hillgruber: Außenpolitik, S. 189 ff.
[46] Ritter: Schlieffenplan, S. 94.
[47] Ritter: Staatskunst und Kriegshandwerk, Bd. 2, S. 248.

politischen Bedenken zum Gegenstand einer Beratung zu machen, ohne zu fragen, ob denn kein weniger gefährlicher Plan möglich sei, ohne weiteres gebilligt habe, als eine der „Unbegreiflichkeiten des wilhelminischen Reiches". Damit ist ein untergründiger, aber schließlich alles entscheidender Einfluß militärischer Planungen auf die deutsche Außenpolitik unterstellt. Hillgruber [48] nähert sich konvergierend diesem Zusammenhang von der Seite der Reichsleitung her, indem er hervorhebt, die Nachfolger Bismarcks, insbesondere die pflichtbewußteren unter ihnen, nämlich Caprivi und Bethmann Hollweg, seien von der Unabwendbarkeit eines Krieges gegen Rußland (und auch Frankreich) überzeugt gewesen. Im Gegensatz zu Bismarck besaß für sie der künftige Krieg etwas Schicksalhaftes. Und von dieser „grundverschiedenen Haltung zum Phänomen des Krieges" sei der jeweilige Ansatz in der Außenpolitik bestimmt worden. Um Stärkung der eigenen Position und um „klare" Bündnisse bemüht, wurde ihre Außenpolitik „einsträngiger" und erhielt „mehr oder weniger zwangsläufig einen immer stärker militärstrategischen, schließlich sogar militärtechnischen Akzent" [49]. Blieb da überhaupt noch Raum, so kann gefragt werden, für die von Ritter vermißte Kontrollfunktion der politischen Leitung gegenüber der militärischen Führung? Hillgruber stellt die Frage und verneint sie. Bismarcks Nachfolger besaßen weder Autorität noch Kraft, sich gegenüber „den militärischen Ressorts und ihren ins Außenpolitische hineinragenden militärstrategischen Zielvorstellungen durchzusetzen" [50], versagten vor der Aufgabe, eine Gesamtpolitik sicherzustellen – welche? So wurde ein „Neben- und Gegeneinander" von politischer Reichsleitung, Generalstab, Kriegsministerium und Reichsmarineamt kennzeichnend für die Orientierungslosigkeit der wilhelminischen Ära. Die Militärstrategie überlagerte – nach Hillgruber, ähnlich wie nach Ritter – die Außenpolitik und brachte im

[48] A. Hillgruber: Deutschlands Rolle in der Vorgeschichte der beiden Weltkriege, Göttingen 1967, S. 14 f. (zit.: Deutschlands Rolle).

[49] Ebd., S. 15.

[50] Ebd.

Ergebnis – wegen Englands Interesse an der belgischen Neutralität – auch die Gegnerschaft des Inselreiches. Hillgruber beachtet weniger die Kritik Ritters an dem Plan der Westoffensive und scheint stärker von der inneren Notwendigkeit des Planungssystems des Generalstabs auszugehen: es „blieb nur die Lösung, zunächst die militärische Entscheidung im Westen und danach erst im Osten zu suchen". Erst in der Kritik an dem starren Festhalten des jüngeren Moltke an der Westoffensive bringt er das Problem in den Blick. Kann aber eigentlich von einer „mangelnden Orientierung" gesprochen werden, wenn konstatiert wird, daß die Militärstrategie *eindeutig* die Außenpolitik überlagert habe? Hier sind weitere Präzisierungen erforderlich. Sie scheinen gelungener bei der Darstellung der Flottenpolitik: die Marine hat mit ihrem Risikogedanken eine Rückwendung Englands nach Übersee verhindert. Die deutsche Flotte hielt England „gleichsam in Europa fest" (Hillgruber). Tirpitz hat gerade zwischen 1908 und 1912, als „sein Einfluß auf die Gesamtpolitik des Reiches" am größten gewesen sei, den „außenpolitischen Manövrierraum des Reiches zunehmend eingeschränkt". Als Fazit stellt Hillgruber fest, daß unter maßgeblicher Beteiligung militärischer Führungsstellen schon bei Bethmanns Amtsantritt das Reich politisch isoliert gewesen sei. Nach 1912 (Haldane-Besuch) hätten in der Englandpolitik die „einander ausschließenden Zielvorstellungen" des Reichskanzlers und der Marineführung unverbunden nebeneinandergestanden und ein Scheitern des Versuchs einer Neugestaltung des Verhältnisses zu England durch Bethmann Hollweg wahrscheinlich gemacht. Die Art und Weise dieses Scheiterns behandelt Ritter im zweiten Band von ›Staatskunst und Kriegshandwerk‹ sehr eindringlich. Tirpitz' und Wilhelms II. Triumph über Bethmann – bei eingehender Schilderung der sprunghaft-schwankenden Haltung des Kaisers bei der Haldane-Mission – wird von Ritter abschließend als Ausbruch „militaristischer Denkweise" gekennzeichnet. Hier liegt für ihn geradezu ein Musterbeispiel für das Aufeinandertreffen von politischem Kalkül und beschränktem militärischen Fachdenken vor, bei dem der militärische Sieger unheilvoll über die Zukunft des Reiches mitentschied. Bethmann sei es schließlich gelungen, Tirpitz' Einfluß abzuschwächen und aus der Weltmachtpolitik in angemessene Großmachtpolitik zurückzubiegen (1912) auf eine Bewahrungspolitik hin, die für die Beurteilung seiner Haltung in der Julikrise wesentlich sei. Im Hinblick auf Tirpitz modifizierte Hillgruber im Anschluß an Berghahn seine Sicht und übernahm die Feststellung, daß 1906 mit Englands Übergang zum Dreadnought-Bau der Tirpitzplan gescheitert und Tirpitz nicht mehr bestimmender Faktor gewesen sei.[51] Bethmanns Kurs zurück zur Großmachtpolitik wird hinsichtlich seiner Erfolgsaussichten zurückhaltender beurteilt. Tirpitz bleibt gewissermaßen ein Störfaktor, der dafür sorgte, daß der Kanzler seine Linie nur unvollkommen realisieren konnte und daß in England ein widersprüchlicher Eindruck von der deutschen Außenpolitik vorherrschend blieb.

Von der Außenpolitik herkommenden Ansätzen bleibt nur der Weg, nach Auffassungsunterschieden in der Führungsgruppe des Reiches zu forschen. Ritter und Hillgruber mögen hier für eine ganze Reihe von Autoren stehen, die eine Einengung des außenpolitischen Spielraums durch militärpolitische und militärstrategische Pläne konstatieren. Bei Tirpitz läßt sich diese Feststellung leichter nachweisen als beim Generalstab, weil der politische Einfluß des Staatssekretärs offenkundiger und faßbarer ist als jener der Planungsarbeiten des Generalstabes. Pläne und Äußerungen dieser Instanz gingen aber nach Abgang des älteren Moltke stets in eine Richtung. Am anschaulichsten macht Hillgruber dies an einer Äußerung des jüngeren Moltke vom 8. Dezember 1912: „Ich halte den Krieg für unvermeidlich und: je eher, desto besser." Dieses Wort erweise ihn „als Verfechter jener spezifischen Art des Präventivkriegdenkens, das nicht mehr ... an konkrete Kriegsvorbereitungen und Angriffsabsichten eines Gegners anknüpfte", sondern durch Niederwerfung bloß potentieller Gegner günstigere Richtungen für möglicher-

---

[51] Hillgruber: Hegemonie und Weltpolitik, S. 197 f.

weise gefährliche Tendenzen erzwingen wollte, und so war am Ende der Entschluß der Reichsleitung zum Krieg „nur zu verstehen aus dem besonders stark militärstrategisch akzentuierten Großmachtverständnis der Wilhelminischen Ära". Der „kontinentale Präventivkriegsgedanke" wurde maßgebend für die letzte große Entscheidung der Reichsleitung, also ein Nachgeben gegenüber dem Drängen des Generalstabes, und zwar zur Behauptung der gefährdeten „halbhegemonialen" Position des Reiches.

Um die Motive des deutschen Entschlusses zum Krieg ist seit Fritz Fischers ›Griff nach der Weltmacht‹ [52] eine grundsätzliche Diskussion entbrannt. Über den Stand der Meinungen informiert Fischer selbst in seinem zweiten umfangreichen Buch ›Krieg der Illusionen‹ [53], nicht ohne Fortschritte aufgrund der Polemik gegen seine Thesen festzustellen, jedenfalls ein „schrittweises Abrücken von überholten Meinungen". Die Gegenstimmen sind hier zusammenfassend erwähnt. Ein näheres Eingehen erübrigt sich an dieser Stelle. Fischers Hauptgedanke ist, daß 1914 von deutscher Seite nicht ein Präventivkrieg geführt worden sei. Die Differenz von militärischem und politischem Kalkül verliert an Bedeutung. Die Hinnahme des Schlieffenplanes durch die Reichsleitung ist nicht bloße Resignation. Dahinter steckte eine Gemeinsamkeit im offensiven Ansatz der Politik. Nicht Erhaltung des Status quo, sondern Hegemonie auf dem Kontinent sei das deutsche Ziel gewesen: Dynamik, Bewegungsspielraum [54], ja insgesamt die Kontinuität offensiver Aggression.

[52] F. Fischer: Griff nach der Weltmacht. Die Kriegszielpolitik des Kaiserlichen Deutschland, Düsseldorf 1961.

[53] F. Fischer: Krieg der Illusionen, Düsseldorf 1969, S. 672 ff. Hinzuweisen ist u. a. auf W. Schieder (Hrsg.): Erster Weltkrieg, Ursachen, Entstehung und Kriegsziele, Köln 1969.

[54] Fischer sucht einigen Historikern definitorische Ungenauigkeiten zu verdeutlichen. Die größte Nähe zu den eigenen Thesen findet er bei A. Gasser: Deutschlands Entschluß zum Präventivkrieg, in: Festschrift für E. Bonjour, Basel 1968, S. 173 ff., der davon spricht, daß „Präventivkriege" gegen nicht nachweisbar bevorstehende Aggressionen

Die Konseqenz für das Verhältnis von militärischer und politischer Führung, die Fischers Interpretation involviert, wurde angedeutet. Sie ist unter den Kritikern Fischers vor allem von Hillgruber thematisiert worden. Hillgruber wirft Fischer vor, er verkenne den Unterschied zwischen dem überholten eng militärischen Begriff, dem gleichsam „klassischen" Präventivkrieg und dem transformierten neuen Begriff, der schon beim älteren Moltke mit der Konzeption verbunden gewesen sei, „durch präventive militärische Schläge gegen einzelne potentielle Gegner an der gefährlichsten Stelle sich selbst und den anderen Mächten in bestimmten Zeitabständen die Bestätigung der eigenen Überlegenheit zu geben – unter dem leitenden Gesichtspunkt, das Heranwachsen einer starken Koalition auf dem Kontinent zu verhindern"[55]. Aufgrund dieser Verkennung stoße auch Fischers Kritik gegen die Historiker, die den Ersten Weltkrieg als „Präventivkrieg" interpretieren, ins Leere. Dieser Auffassung kann nur mit Einschränkung gefolgt werden. In der Julikrise war schwerlich durch Präventivkrieg eine starke Koalition zu verhindern oder eine Atempause zu gewinnen.

Gleichsam jenseits dieser Kontroversen stehen Wehler und Berghahn mit dem Leitgedanken, daß auch die Außenpolitik der wilhelminischen Ära lediglich eine Funktion der Innenpolitik gewesen sei. Wehler stellt geradezu fest, daß Fischer und seine Gegner: „beide – hier natürlich vereinfacht gegenübergestellten – Schulen", kein „schlüssiges Erklärungsmodell" anzubieten hätten, das der „eigentümlichen Mischung von aggressiven und defensiven Elementen in der deutschen Politik gerecht" werde.[56] Wehlers „Modell" weist der Außenpolitik, „vor allem

nichts anderes seien als „verschleierte Angriffskriege". Zum Stand der Diskussion um Fischers Thesen vgl. auch A. Sywottek: Die Fischer-Kontroverse. Ein Beitrag zur Entwicklung des politisch-historischen Bewußtseins in der Bundesrepublik, in: Deutschland in der Weltpolitik des 19. und 20. Jhdts., hrsg. v. I. Geiss u. J. Wendt, Düsseldorf 1973, S. 19–47 (Fischer-Festschrift).

[55] Hillgruber: Hegemonie und Weltpolitik, S. 189 und 203, Anm. 4.

[56] Wehler: Das deutsche Kaiserreich 1871–1918, S. 193.

der Mechanik der Bündnisverpflichtungen", eine untergeordnete Rolle zu. Er sieht bisher den Beweis von der „empirischen Geschichtswissenschaft" auch nicht als erbracht an, daß es direkte Verbindungslinien von der „dezidierten Absicht, der Spitzengruppe des damals viel beschworenen Weltstaatensystems anzugehören, bis hin zur lange vorweg geplanten Kriegsauslösung" gäbe. Eine solche Annahme bliebe ein „voreiliger Schluß". Der Entschluß zum Krieg wird hier eigentlich nur zum Sonderfall einer aus innenpolitischen Gründen lange betriebenen „aggressiven Defensivpolitik". Die deutsche Politik basierte seit Jahrzehnten zu einem wesentlichen Teil auf der sozialimperialistischen Ableitung innerer Antagonismen. Seit 1912 habe sich angesichts des Anwachsens der Sozialdemokratie, angesichts auch der 1913 einsetzenden Rezession das Krisenbewußtsein verschärft. Gefährliche Entwicklungen schienen zusammenzukommen, „die im Horizont der traditionellen Führungsgruppen den Gesamteindruck erzeugten, schier unaufhaltsam in die Ecke gedrängt zu werden". Die Entschlossenheit zu einem erbitterten Abwehrgefecht verhärtete sich. Wehler glaubt, „ein allgemeineres Modell politischen Verhaltens" entdeckt zu haben: subjektiv schlägt sich dieses Gefühl und dieser Wille als Defensivhaltung nieder, objektiv aber steckt die Einsicht dahinter, daß die Defensive offensiv bis zum offenen Konflikt durchgefochten werden könne (müsse?). Das sei keine zielstrebige Kriegsplanung, aber eine rücksichtslose und desparate Verteidigung solcher Art scheue nicht vor dem Kriegsrisiko zurück. Hier liege der Schlüssel zur Reichspolitik im Sommer 1914.

„Die einflußreiche Gruppe der hohen Militärs" unterstützte diese zunehmende Bereitschaft zum Risiko „im entscheidenden Augenblick." Die neue Balkankrise sollte zum außenpolitischen Erfolg mit „heilsamer Rückwirkung nach innen" benutzt werden. Dabei spielte für die Militärs die Einsicht in die sich mit Sicherheit verschlechternde strategische Lage des Reiches eine wichtige Rolle. In dem „schrumpfenden Zeithorizont" wollten sie als Gefangene ihrer Planungsautomatik „die Gelegenheit nicht ohne den Versuch vorübergehen lassen, mit der großen

Kraftprobe zu drohen"[57]. In zwei Jahren sei die Niederlage nicht mehr zu vermeiden. Hier habe sich ihr Denken mit der Risikobereitschaft berührt, „die in den traditionellen Machteliten gewachsen war".

Wehler liefert kein Modell, eher eine Deskription mit angereicherter innenpolitischer, wirtschafts- und sozialpsychologischer Reflexion. Im Hinblick auf die Rolle der „einflußreichen Gruppe der hohen Militärs", die nicht mehr wie bei Ritter und in gewissem Sinne bei Hillgruber als Antipoden der Reichsleitung erscheinen, sondern als Vertreter der gleichen sozialkonservativen Elite mit primär innenpolitisch fixierten Zielen, bleibt fraglich, warum Wehler der Außenpolitik und der Bündnismechanik eine so untergeordnete Rolle zuweist. Hiervon hing in hohem Maße die militärische Planung ab, die sie zu Gefangenen ihrer eigenen Konstruktionen gemacht hatte. Gerade der Generalstab, verantwortlich für diese Planungen, hatte nicht aus „gesellschaftspolitischen Rücksichten" die Aufrüstung bremsen wollen, und die Kriegsminister sahen das Problem auch nicht einseitig von hier aus. In einer außenpolitisch ausgewogenen Situation wäre möglicherweise auch Gelegenheit für die Entwicklung einer sozialkonservativen Friedenspolitik gefunden worden. So ist eine der Ursachen für den Befund Wehlers, nämlich für die „aggressive Defensivpolitik" der militärischen und politischen Spitze, eben in der Defizienz der außenpolitischen Gesamtlage zu suchen, die freilich nicht als Schicksal aufzufassen ist, sondern von Deutschland maßgeblich mitbestimmt wurde – beginnend mit der Annexion Elsaß-Lothringens.

Berghahn interpretiert noch schärfer als Wehler die Außenpolitik des Reiches vom „Primat der Innenpolitik" her. Der Tirpitzplan stellt sich ihm als eine „auf dem Umweg über die Außen- und Rüstungspolitik" vermittelte Krisenstrategie dar. Zwischen 1898 und 1904 habe sich die Kalkulation – durch militärpolitische Absicherung nach außen auch eine Absicherung nach innen zu erzielen – als erfolgreich erwiesen. Die außenpolitischen

[57] Ebd., S. 198.

Kalkulationen schienen „realistisch und durchdacht zu sein"[58]. Berghahn hat deutlich gemacht, daß aber gerade von der Außen- und Rüstungspolitik her die überlegene Konkurrenz Englands wachgerufen wurde, die am Ende den Tirpitzplan in seiner strategischen und weltpolitischen Anlage als Illusion enthüllte. Tirpitz glaubte, England mit einer Flotte, die nach Fertigstellung zwei Drittel der Größe der englischen besitzen sollte, zum „Kommen" bewegen zu können; etwa zur Duldung deutscher Kolonialexpansionen. Die Flotte konnte darüber hinaus nicht nur politischer, sondern notfalls militärischer Hebel gegen das Inselreich sein. Auch Berghahn strebt nach modellhafter Erklärung der Zusammenhänge. Wie bei anderen modernen Autoren spielt der Gesichtspunkt des abnehmenden Spielraumes für die deutsche Politik eine wichtige Rolle.[59] Der Tirpitzplan, in höherem Maße von neuen Faktoren abhängig als die Heeresrüstung, schuf neuartige Zusammenhänge, die Berghahn nur mit Hilfe systemtheoretischer Ansätze sichtbar machen zu können glaubt. Die Außenpolitik wird in diese Bezüge hineingenommen. Das große Buch über den Tirpitzplan stellt wie Wehlers Arbeiten eine Mischung von Deskription und Reflexion dar, wobei innenpolitische Antriebe: Systembewahrung und -stabilisierung im Vordergrund stehen. So nachhaltig wie Berghahn hat bisher kein Historiker Tirpitz' Überlegungen als Selbsttäuschung enthüllt. Infolge der Fehleinschätzung Englands, seines Selbstbehauptungswillens und seiner Rüstungskapazität, schwanden die mit dem Tirpitzplan anvisierten außen- und innenpolitischen Ziele aus dem Bereich des Realisierbaren. Die Erklärung, es sei nicht verwunderlich, daß Männern, die stark in rein militärischen Kategorien dachten, das Verständnis für diese Faktoren abging, kann aber kaum befriedigen, zumal Tirpitz durchaus als „politischer" Soldat aufgefaßt wird. Ein weiteres Fragezeichen soll gesetzt werden, wo Berghahn einen von der Rüstungspolitik mit ihrem außenpolitischen Isolierungseffekt hervorgerufenen

[58] Tirpitz-Plan und Krisis, S. 98.
[59] Vgl. z. B. Tirpitz-Plan, S. 602.

Einkreisungspsychologismus mit Senghaas' Autismusbegriff glaubt erläutern zu können. Die extreme Selbstbezogenheit als „Kommunikationsmuster" in einem „latenten oder manifesten Konfliktfeld" ist ein Erklärungsversuch, der die Kompliziertheit vielfacher Zusammenhänge zu einseitig auf psychologische Auswirkungen zusammendrängt. Er paßt auf die Lage Deutschlands vor 1914 nur, wenn von einer ganzen Reihe widersprechender Fakten abgesehen wird. Immerhin hat der Reichskanzler versucht, die „Verkrampfung und Verhärtung von außenpolitisch längst überholten Konflikterwartungen", eine „Formierung" [60], zu verhindern. Es gab selbst Widerstände in der Marine. Daß aber die Flottenpolitik weltpolitische Erwartungen ausgelöst hat, die später schwer zu reduzieren waren, ist als Ergebnis vielfacher Forschungsbemühungen festzuhalten. Hierin wird eine der Hypotheken für Bethmann Hollweg gesehen.

Berghahn hat die entscheidende Bedeutung des Jahres 1912 für Tirpitz klargemacht. Aus der besonderen rüstungs- und finanzpolitischen Situation, die sowohl Tirpitz als auch England durchschauten, ist erst deutlich zu machen, warum der Großadmiral sich im Interesse seines Planes gegen den Reichskanzler stellen „mußte". Mit Berghahn ist deshalb eine Betrachtung, die die Durchbringung einer verstümmelten Flottenvorlage 1912 als „Kulminationspunkt" der Marinepolitik ansieht [61], zu kritisieren, denn dieses Ergebnis ist nur mit dem Scheiternlassen der Haldane-Mission erreicht worden.

Wehler und Berghahn ist ein neuer Zugang zum Verständnis der Rolle des Militärs in der Außenpolitik zu danken. Ihr Versuch, in hohem Maße innenpolitische Gesichtspunkte in die Betrachtung einzubeziehen, ja eigentlich Außenpolitik von der Innenpolitik her zu begreifen, läßt die von der bisherigen Forschung stark herausgestellte Differenzierung im Kalkül von Reichsleitung und militärischer Führung als sekundäres Problem

[60] Ebd.
[61] W. Hubatsch: Der Kulminationspunkt der deutschen Marinepolitik im Jahre 1912, in: HZ 176, 1953, S. 291 ff.

erscheinen. Fraglich ist aber beim jetzigen Stand der Forschung, ob der Zugang ausreicht für eine modellhafte Darstellung der deutschen Politik dieser Zeit. In der Interpretation Fritz Fischers wird die Differenzierung zwischen politischem und militärischem Kalkül aufgrund einer anderen „Planhaftigkeit" aufgehoben. Sie bleibt offenbar nur erhalten bei den außenpolitisch orientierten Zugängen, die in der deutschen Politik vor 1914 noch den Versuch erblicken, einen enger werdenden Spielraum politisch zu nutzen.

Eine Synthese der verschiedenen Ansätze ist noch lange nicht in Sicht.

Zu den wichtigsten ostdeutschen Arbeiten über das Verhältnis von Militär und politischer Leitung gehört der Beitrag von Konrad Canis ›Bismarck, Waldersee und die Kriegsgefahr Ende 1887‹.[62] Trotz der Berücksichtigung wirtschaftspolitischer Faktoren in der Krise von 1887 steht Canis ganz in der Tradition außenpolitischer Forschungsansätze. In seiner Sicht der Bismarckschen Außenpolitik „spielten" innenpolitische Gründe nur „mit", z. B. bei Bismarcks Ziel, den Bestand Österreichs und Rußlands zu erhalten – Folge der antidemokratischen Struktur des bonapartistischen Systems. Der Aufsatz hebt Bismarcks grundsätzliches Einverständnis mit Moltke/Waldersee bis etwa Mitte 1887 hervor. Im Jahre 1886 sei es Bismarck gelungen, den Generalstab auf einen Schlag gegen Frankreich hinzulenken. Im Januar 1887 hielt Waldersee gegenüber dem österreichischen Militärattaché in Berlin den Krieg gegen Frankreich für nahe bevorstehend. Bismarck sei sich mit Waldersee völlig einig gewesen, daß ein isolierter Krieg gegen Frankreich der erwünschte Kriegsfall sei. Auf dieser Linie habe Bismarck dann auch im Oktober/November 1887 operiert, als für den Generalstab die russische Gefahr wieder im Vordergrund stand. Bismarck lehnte

---

[62] In: Die großpreußisch-militaristische Reichsgründung 1871, Bd. 2, S. 397–435. Wichtig ferner: H. Otto: Militärische Aspekte der Außenpolitik Bismarcks (1871–1890), in: Zeitschrift für Militärgeschichte, 6. Jg., 1967, H. 2, S. 160 ff.

1886 ein präventives Vorgehen ab, ehe Rußland anderweitig engagiert war: „Daraus ergab sich eine scharfe Differenz zwischen Bismarck und Waldersee, die die grundsätzliche Einigkeit in der militärstrategischen Planung und in der Frage, Frankreich in einem isolierten Krieg militärisch zu bekämpfen, überschattete." [63] Bismarck wollte – eine weitere Differenz – den Zweifrontenkrieg *grundsätzlich*, Waldersee nur *möglichst* vermeiden. Politisch aber lenkte Bismarck mit der Lombardpolitik das Reich „in die Sackgasse der Zweifrontenkriegsgefahr". In der Krise von 1887 erwartete Bismarck – nach Canis – die „auslösende Initiative" durch Österreich, Italien und England, um den casus foederis zu vermeiden und freie Hand gegen Frankreich zu haben. Bismarck und Waldersee waren sich „faktisch darin einig", daß die gegenwärtige Situation für einen Krieg deutscherseits günstig sei. Nur wollte Bismarck zwei getrennte Kriege, Waldersee den gemeinsamen deutsch-österreichischen Präventivkrieg gegen Rußland. Bismarcks Zorn auf Waldersee, der auf Österreich im Sinne des gemeinsamen Präventivkriegs einzuwirken suchte, sei gerade deshalb so groß gewesen, weil die Chancen für das Konzept der getrennten Kriege im Dezember 1887 besonders groß schienen. Bismarcks Politik wird aufgrund bisher nicht veröffentlichter Akten als Versuch gewertet, Österreich in den Krieg gegen Rußland hineinzuhetzen [64], wie auch Italiens Eifer von ihm angestachelt worden sei.

Canis stellt damit alle bisherigen Interpretationen der Außenpolitik Bismarcks in der Krise von 1887 auf den Kopf. Von einer defensiven Absicherung der Position von 1871 ist nicht mehr die Rede. Der Unterschied zur Auffassung des Generalstabes liegt nicht mehr in der Ablehnung „jedes" Präventivkrieges, sondern in der Entschlossenheit, den Zweifrontenkrieg zu vermeiden. Bismarck – so Canis im Anschluß an Engelberg – sei zu einer echten nationalen Friedenspolitik nicht fähig gewesen. Den Beweis sieht er darin, daß der Kanzler nach dem

---

[63] Canis, S. 412.
[64] Ebd., S. 431.

Scheitern des Versuchs, Frankreich und Rußland „von verschiedenen Gegnern" in zwei separaten, gleichzeitig geführten Kriegen für lange Zeit kampfunfähig zu machen, nur noch die Möglichkeit sah, Deutschland mit gewaltiger Steigerung der Aufrüstung auf den für ihn unvermeidlichen Zweifrontenkrieg vorzubereiten.

Ernst Engelberg konstatiert dagegen noch einen prinzipiellen Gegensatz zwischen Bismarck und den militärischen Vertretern des Präventivkrieggedankens [65], ohne über bekannte Argumentationen hinauszugehen.

Fritz Klein sieht im Schlieffenplan die militärstrategische Widerspiegelung der allgemeinen politischen Situation des „besonders aggressiven deutschen Imperialismus, seiner Gewalttätigkeit und seiner Isoliertheit" [66]. Der Aussichtslosigkeit der Lage Deutschlands in der gegebenen Mächtekonstellation „entsprangen die abenteuerliche Einseitigkeit und Waghalsigkeit" des Planes. Differenzen im militärischen und politischen Kalkül untersucht Klein nicht. Für ihn führte die aggressive Politik des deutschen Imperialismus „mit Notwendigkeit zu einem Plan, wie Schlieffen ihn entworfen hatte". In der Julikrise wurde der Krieg von der deutschen Führung entfesselt.

[65] Engelberg: Deutschland von 1871 bis 1897, S. 248.
[66] Klein: Deutschland von 1897/98 bis 1917, S. 286.

VII. MILITARISMUS

Die eindringlichste Behandlung militärischer Einwirkungen auf Politik und Gesellschaft ist unter dem Stichwort Militarismus zu finden. Um den Begriffsinhalt sind zahlreiche wissenschaftliche Diskussionen geführt worden, die mehr über den Standort der Autoren aussagen als faktenreiche Analysen der Bismarckzeit und der wilhelminischen Ära.

Die neuere Diskussion ist durch Gerhard Ritters ›Staatskunst und Kriegshandwerk‹ ausgelöst worden. Nach seiner Definition und der Gesamtaussage seines Werkes liegt Militarismus dort vor, „wo der Primat der politischen Führung über die militärische, des politischen Denkens über das Soldatische in Frage gestellt ist", oder, anders gewendet, „wo die kämpferische Seite des Politischen einseitig überbetont wird und wo die (wirklichen oder angeblichen) technischen Zwangsläufigkeiten des Kriegführens das Übergewicht über die Erwägungen ruhiger Staatskunst gewinnen" [1].

Diese Definition hat von vielen Seiten Widerspruch erfahren, mehr noch die Schlußfolgerungen, die Ritter aus der Anwendung dieses Begriffsinstrumentariums auf die preußisch-deutsche Geschichte gezogen hat. Sie werden erst voll sichtbar, wenn Ritters Qualifizierung der Aufgabe der Politik, der „Staatsraison" hinzugenommen wird. Staatsraison in diesem Sinne ist „höhere Staatsvernunft". Sie hat zum Ziel die „Herstellung, Bewahrung und Sicherung einer echten und darum dauerhaften Gemeinschaftsordnung". Zwischen den Anforderungen „kämpferischer Machtballung" und friedlicher Dauerordnung muß der Staatsmann sich seinen Weg suchen.

---

[1] Ritter: Staatskunst und Kriegshandwerk, Bd. 1, 2. Aufl. 1959, S. 13.

Die Kritik hat darin zu Recht eine idealisierende Über-
höhung Bismarcks und Friedrichs des Großen gesehen. Beiden
ging es nach Ritter letztlich um eine friedliche Dauerordnung.
Zwischen dem Erscheinen der ersten und zweiten Auflage des
ersten Bandes von ›Staatskunst und Kriegshandwerk‹ hat sich
vor allem Ludwig Dehio kritisch mit Ritters Militarismusbegriff
und seiner historischen Herleitung und Anwendung auseinander-
gesetzt [2], nach ihm Hans Herzfeld [3]. Ritter hat im Blick auf
Dehio im Nachwort zur zweiten Auflage bedauert, überhaupt
den „verschwommenen und vieldeutigen Terminus ‚Militarismus'" in den Titel aufgenommen zu haben und erklärt, ihn
interessiere nicht der Gegensatz von „Militarismus" und „Staatsraison", sondern der von echter und einseitig kämpferischer
Staatsmannschaft, von wahrer „Staatskunst" und falscher, die
ihre Aufgabe „einseitig vom Kriegshandwerk her" verstehe.
Dem steht gegenüber, daß er in der Einführung zur zweiten
Auflage des ersten Bandes das „Problem des Militarismus" wieder als Verhältnis von „Staatskunst und Kriegshandwerk"
beschreibt, ja daß das gesamte Werk durchzogen ist von dem
Versuch, Unterschiede und Gegensätze im militärischen und
politischen Denken mit ihren Konsequenzen für die deutsche
Geschichte zu erfassen.

Ritter ist eigentlich nicht vorzuwerfen, daß er ablehne, den
Militarismusbegriff anzureichern mit sozialen Komponenten,
etwa das Problem der Infizierung der Gesellschaft mit militärischem Denken einzubeziehen. Dieser Themenkreis ist durchaus
angesprochen. Belangvoll könne er aber bei seiner Problemstellung erst werden, seit die „Militarisierung" Rückwirkungen
auf den Gang der Außenpolitik erkennen lasse, was erst in der
wilhelminischen Epoche der Fall gewesen sei.

Damit bleibt die Außenpolitik das Feld, auf dem Militarismus zum historischen Problem wird. Ritter geht davon aus, daß
es eine rational „nicht auflösbare Antinomie des Politischen"

[2] Dehio: Um den deutschen Militarismus, HZ 180, 1955, S. 43–64.
[3] Herzfeld: VjHZg., 1956, S. 367 ff.

gebe, nämlich die einander widerstrebenden „Aufgaben des Staates": kämpferische Machtballung und friedliche Dauerordnung. Sie kann nach ihm nicht letztlich gelöst, sondern lediglich durch praktische Politik in der Balance gehalten werden. Militarismus ist eine Erscheinung, die ein solches Balancesystem gefährdet, ja verhindert.

Der Kern der Definition bringt „Militarismus" in die Nähe psychologischer Deutung. Das „einseitige Überwiegen militanter, kämpferischer Züge" in der Grundhaltung eines Staatsmannes oder einer Nation ist zumindest teilweise aus der Psychologie erklärbar. Andererseits spricht Ritter auch von der kämpferischen Machtballung als „Aufgabe des Staates". Diese Interpretation ergibt sich ihm aus der Überzeugung, daß der deutschen Geschichte die Aufgabe gestellt ist, den Staat in der Großmacht- und Machtstaatsrolle auf den Weg der Ordnungsmacht zu setzen, die letztlich dann eine pazifizierende Kraft entfalten wird. Das Ziel der Aufhebung der Gegensätze in einer sittlichen Gemeinschaft deutet als letzten Bezug der politischen Vorstellungen Ritters den Glauben an die synthetische, pazifizierende Kraft nationalstaatlicher und kulturpolitischer Energien an – wenn nicht gar an religiös-eschatologische Sinnzusammenhänge.

„Militarismus" erscheint als psychologischer Störfaktor und als Auswuchs begrenzter – militärfachlicher – Sehweisen. Er wird vor allem dort sichtbar, wo ein Staat sich aus beengten Verhältnissen heraus zur Großmacht aufschwingt.

Dieser Militarismus-Begriff ist von verschiedener Seite in Frage gestellt worden. Gegen Ritters Auffassung hebt Ludwig Dehio die historische Kontinuität des preußisch-deutschen Militarismus hervor. Der schwerste Vorwurf geht dahin, daß Ritter die Begriffe Staatsvernunft und Dauerordnung im wesentlichen gebrauche, wenn der Enderfolg einer kriegerischen Politik feststellbar sei. Auf diese Weise werde Friedrich der Große zum Vertreter sittlicher Staatsvernunft, Napoleon dagegen zum Militaristen. Dehio kritisiert, daß der Militarismusbegriff Ritters aus unscharfen, nicht eindeutigen Elementen aufgebaut sei. In der Tat ist die „sittliche Staatsvernunft" als Gegenbegriff des Militarismus und als Maßstab ein Postulat, schwerlich ein historisch nachweisbares Element der Politik. Demgegenüber betont Dehio den militärischen Charakter der preußischen Staatsräson der letzten 200 Jahre, stellt also die historische Deskription gegen den eindeutig scheinenden Begriff der Staatsvernunft, den Ritter gebraucht. Preußen legte nach Dehio seine Politik auf Wachstum, auf Dynamismus an, was dem Gedanken einer friedlichen Dauerordnung entgegengesetzt war – abgesehen von dem erstrebten Fall einer nicht mehr erschütterbaren Hegemonie, die aber nur eine preußische „Dauerordnung" sein konnte, ohne innere Zustimmung der „befriedeten" Nachbarn.

Dehios Militarismusbegriff umfaßt Staat, Außenpolitik, Militär und Gesellschaft, die insgesamt in den Zusammenhang eines Dranges nach Wachstum, nach forcierter Entwicklung auf Kosten anderer gestellt werden.

Wesentlich ist die Erkenntnis, daß „Militarismus" nicht nur sichtbar wird in der direkten Aktion, sondern daß er bereits die Jahrzehnte friedlicher Arbeit bestimmt und färbt, insofern die Friedensarbeit „stets zugleich als Vorbereitung auf die ultima ratio geregelt wurde". „Und so erschien uns denn bisher die preußische Staatsräson gewiß nicht auf friedliche Dauerordnung praktisch ausgerichtet als ihr letztes Ziel, sondern ganz einfach auf Wachstum, und zwar mit Hilfe einer überdimensionalen, systematischen Dauerrüstung. Krieg und Frieden konnten ihr als vertauschbare Mittel gelten, das erstrebte Wachstum voranzutreiben, so zwar, daß der gerüstete Friede selbstredend der erwünschtere und jedenfalls länger andauernde Zustand war."[4]

[4] Dehio: Um den deutschen Militarismus, S. 48. Über die Kontroverse Ritter – Dehio vgl. V. R. Berghahn: Ludwig Dehio, in: Deutsche Historiker, hrsg. v. H.-U. Wehler, Bd. 4, Göttingen 1972, S. 97–116. Zur Behandlung des deutschen Militarismus in der deutschen Geschichtsschreibung ferner: K. Böhme: Der preußische Militarismus in der Historiographie der Bundesrepublik und der DDR, in: Mitteilungen der Gesellschaft der Freunde der Universität Mannheim, e.V., Oktober 1974, S. 32–47.

Dehios Begriff geht nicht von kategorialen Prinzipien aus, sondern ist stärker historisch orientiert, er hat deskriptiven Charakter. Das wird besonders deutlich, wenn er bemängelt, daß bei Ritter jene Dynamik nicht sichtbar werde, die die Katastrophen des 20. Jahrhunderts auslöste: „Jene 200jährige militaristische Politik, die einen unbekannten Kleinstaat zur gewaltigsten Festlandsmacht emporgeführt hat."

Er sieht in vergleichender Betrachtung die Besonderheit des deutschen Militarismus aber wiederum als relativ an. Bei Mächten, die in den „hegemonialen Bereich" einrücken, sind vergleichbare, vorgeformte Züge zu finden.[5] Die Hegemonialmächte ragen als „einsame Hauptfiguren" empor, daher sind ihnen dämonische Versuchungen spezifischer Art zugeordnet. Das will sagen, daß in der Geschichte seit jeher Vormachtexistenzen ein besonderes Machtbewußtsein erzeugt haben. Machtpositionen erzeugen Denkweisen und Psychologien und werden umgekehrt von ihnen getragen und gefärbt.

Ritters Position im dritten Band seines Werkes ist von Wolfgang Sauer mit einer Beleuchtung der Kontroverse Ritter–Fischer erhellt worden. Für den Militarismusbegriff ergab sich dabei kaum Neues: er wird mit einer Verteidigung Bethmanns und seiner Staatsräson zu unterbauen versucht. Ritter hebt, worauf Sauer[6] und Carl Hinrichs[7] hingewiesen haben, den Zusammenhang von Militarismus und Demokratie hervor, ja nach Sauer ist es seine „unausgesprochen eigentliche These", daß der Militarismus seiner Natur und Herkunft nach „eine demokratische Erscheinung" sei. Dafür lassen sich Belegstellen finden, und es kann auch so etwas wie eine historische Apologie des preußischen Staates darin erblickt werden. Ritter hat aber nicht das

---

[5] L. Dehio: Deutschland und die Epoche der Weltkriege, in: HZ 173, 1952, S. 77–94 (81 f.).

[6] Sauer: Pol. Gesch. d. Dt. Armee, S. 346 ff.

[7] C. Hinrichs: Preußen als historisches Problem (Titelaufsatz), in: Preußen als historisches Problem. Gesammelte Abhandlungen, hrsg. v. G. Oestreich, Berlin 1964, S. 15–39.

Gemeinsame im demokratischen und konservativ-monarchistischen Militarismus erfaßt.

Gordon A. Craig versteht Militarismus wesentlich als konservativ-militärisch-etatistische Erscheinung, als eine unmittelbar am politischen und institutionellen Einfluß der Armee ablesbare Größe, die in Preußen-Deutschland dahin charakterisiert wird, daß die Armee die Ausbildung politischer Institutionen im Staate behinderte und damit letztlich die Entwicklung von Staat und Gesellschaft verzögerte. Diesen Zusammenhang bringt Craig unter den Begriff des Staates im Staate.

Friedrich Meinecke brachte nach dem Zweiten Weltkrieg [8] den preußisch-deutschen Militarismus wesentlich in Zusammenhang mit dem modernen technisch-utilitaristischen Geist, der im „preußischen Militarismus, wie ihn Friedrich Wilhelm I. geschaffen hat", eine „ältere Vorform" gehabt habe. Bei Offizier und Mann wurde das „Seelenleben im Ganzen" fest eingeschnürt und ausgerichtet für den rationalen Zweck einer militärischen Höchstleistung. Boyen konnte nur mit begrenztem Erfolg sein freieres und humaneres, „freilich technisch nun wieder minder leistungsfähigeres" Landwehrprinzip durchsetzen. Endgültig seit der Roonschen Reorganisation blieb dann der „Geist des Linienmilitärs" dominant und als Kontinuum bis in die Weltkriege erhalten. Der technische Geist des 19. Jahrhunderts traf in der preußischen Armee auf „etwas sehr Wahlverwandtes". Im Generalstab gipfelten Geist und Eigenschaften dieser Armee. Die Leistungsfähigkeit des im Generalstab konzentrierten Militarismus war eine „durch gefährliche Einseitigkeit" erworbene Leistungsfähigkeit. Das entscheidende Defizit erblickt Meinecke in der Störung des „Gleichgewichts rationaler und irrationaler Motive".

Daß hier nicht nur ein immanent militärisches Phänomen als Militarismus angesprochen werden soll, bringt Meinecke mit der Frage nach den verbindenden Gelenken zwischen Militär und kulturellem Leben, ja dem Gesamtleben zum Ausdruck. Im

[8] Meinecke: Die deutsche Katastrophe, S. 64 ff.

Schlieffenplan findet Meinecke den exemplarischen Beweis dafür, daß die „Verbindungen zwischen den Gelenken des Gesamtlebens" lockerer wurden.

Hans Herzfeld [9] hat 1946 Meineckes Analyse übernommen und um weitere Momente bereichert. In der Bewertung der historischen Entwicklung des Militarismus spricht er der Abknickung der liberalen Kräfte 1848, „der gewaltsamen Unterwerfung der volkstümlichen Kräfte durch Krone und Heer" große Bedeutung zu, behandelt aber vornehmlich „Militarismus" am Beispiel des Gegensatzes Bismarck – Generalstab in außenpolitischen Fragen. Die Sonderrolle der Armee im Staat wird als wesentliches Begriffsmerkmal hervorgehoben.

Darüber hinaus bemühte sich Herzfeld, stärker als Ritter, dessen Unterscheidung von Kriegsordnung und Friedensordnung er gleichwohl übernimmt, um definitorische Klarheit zur Abgrenzung des „modernen Militarismus" von älteren Beschreibungen. Moderner Militarismus ist danach nicht nur „ein Übergreifen des militärischen Denkens und der militärischen Selbstgesetzlichkeit in das Feld der verantwortlichen politischen Entscheidung, sondern auch eine bis zum letzten gesteigerte Durchbildung aller Möglichkeiten des militärischen Wesens. Der Krieg und das Element des Kriegerischen überschreiten die Grenzen der Selbsterhaltung, der Verteidigung gegen den Angriff und setzen den Begriff des gerechten Krieges außer Kraft ... Er wird zum Gegenstand einer Vorbereitung, die auch das ganze Feld des wirtschaftlichen und gesellschaftlichen Lebens durch die Bereitstellung von Rohstoffen, den systematischen Aufbau der Industrie, die fieberhafte Förderung technischer Erfindungen in seinen Bereich zieht" [10]. Herzfeld nennt diesen modernen Militarismus auch den „rationalen und technisierten Militarismus". Der „Apparat der Rüstung" beginnt „aus sich selbst heraus die Politik zu bestimmen".

[9] Herzfeld: Der Militarismus als Problem der neueren Geschichte.
[10] Ebd., S. 50.

Der Hinweis auf die Rolle der „Rüstung" scheint Herzfelds Militarismusdefinition von 1946 in die Nähe moderner politikwissenschaftlicher theoretischer Bemühungen um Militarismus zu bringen.[11] Dennoch bleibt jene Differenz, die u. a. Dieter Senghaas zwischen dem „traditionellen Begriff des Militarismus" und dem „erweiterten Militarismusbegriff" festgestellt hat. Danach läßt sich Herzfelds Definition noch der „begrenzt antimilitaristischen Phase der bürgerlichen Gesellschaft"[12] zuordnen. Seine wesentlichen kritischen Maßstäbe entstammen liberalem Gedankengut, lassen sich auf die Forderung der Trennung von bürgerlicher und militärischer Ordnung zurückführen.

Die meisten der jüngeren Autoren, selbst die Vertreter des „Primats der Innenpolitik", sind, cum grano salis, von diesem traditionellen Militarismusbegriff ausgegangen, haben ihn allerdings mit sozialen, ökonomischen und ideologischen Komponenten angereichert.

So wird in jüngeren Interpretationen der deutsche Militarismus vor allem in Verbindung mit der Entwicklung von Kapitalismus und Imperialismus gesehen. Er wird zur Funktion militärisch-ökonomischen Herrschaftsstrebens, steht in engem Zusammenhang mit der Abwehr von Demokratie und Sozialismus, dient der Mobilisierung kleinbürgerlicher Schichten und ist der Generation der Spätbismarckzeit selbstverständliche Voraussetzung deutscher Kraft und Macht, konnte mithin in den

[11] Zur Begriffsgeschichte vgl. J. Erickson und H. Mommsen: Militarismus, in: Sowjetsystem und demokratische Gesellschaft. Eine vergleichende Enzyklopädie, Bd. IV, Freiburg i. Br. 1971, Spalte 528–568. Zu den Wandlungen der Problemstellung in der Geschichtswissenschaft vgl. auch für diesen Zusammenhang H. Mommsen: Betrachtungen zur Entwicklung der neuzeitlichen Historiographie in der Bundesrepublik, in: Probleme der Geschichtswissenschaft, hrsg. v. G. Alföldi u. a., Düsseldorf 1973, S. 124–155; ders.: Haupttendenzen nach 1945 und in der Ära des „Kalten Krieges", in: Geschichtswissenschaft in Deutschland, hrsg. v. B. Faulenbach, München 1974, S. 112–146.
[12] D. Senghaas: Rüstung und Militarismus, Frankfurt a. M. 1972, S. 13 (= Edition Suhrkamp 498).

neunziger Jahren Ingredienz jener Vorstellungen werden, die „Weltmachtpolitik" forderten.

Die Verfechter der These vom Sozialimperialismus ordnen den Militarismus, zumeist nicht expressis verbis, unter die Faktoren jener Gesellschaftsorganisation ein, die mit der Strategie der sozialökonomischen Ablenkung in ihrer Ruhelage gehalten werden soll. Der deutsche Militarismus erscheint somit auf der Seite der konservativen Kräfte, die die gesellschaftlichen Erschütterungen der industriellen Revolution aufzufangen suchen. Der „Militärstaat" ist gerade jener Kern einer anachronistischen politischen Organisation, die in Deutschland auf revolutionärem Wege nicht beseitigt wurde und nun mit einer aus „Einsicht und Furcht" gemischten Strategie der Expansion ökonomischen Gewinn und soziale Stabilität zu garantieren sucht. Die industrielle Revolution hat für die Industriegroßmächte ähnliche Probleme und innenpolitische Bedürfnisse aufgeworfen, ganz besonders aber in Deutschland, wo die Nationalstaatsidee weite „innenpolitische Spannungsfelder" nicht überbrücken konnte, wo „grobkörnige Reibungsflächen zwischen Industrie- und Feudalgesellschaft" (Wehler) existent blieben.

Den „sozialen" Militarismus, soweit er in Zusammenhang gebracht werden kann mit Impulsen, die aus der sozialen Zusammensetzung der Armee selbst erklärbar sind, hat in seiner jüngsten Arbeit Wehler thematisiert (›Das Deutsche Kaiserreich 1871–1918‹). Er knüpft hier im Zusammenhang der „Mobilisierung des kleinbürgerlichen Gesinnungsmilitarismus" an Klaus Saul [13] und Messerschmidt [14] an. Wehlers Aufschlüsselung sehr

[13] K. Saul: Der „Deutsche Kriegerbund". Zur innenpolitischen Funktion eines „nationalen" Verbandes im kaiserlichen Deutschland, in: MGM 1/70, S. 95–159. Hinzugefügt werden muß noch, ders.: Der Kampf um die Jugend zwischen Volksschule und Kaserne. Ein Beitrag zur „Jugendpflege" im Wilhelminischen Reich 1890–1914, in: MGM 1/71, S. 97–143. Zum Kriegervereinswesen vgl. auch Höhn: Sozialismus und Heer, Bd. 3, Bad Harzburg 1969.

[14] Messerschmidt: Die Armee in Staat und Gesellschaft – Die Bismarckzeit.

komplexer Zusammenhänge in Sachverhalte: Das Heer als Kampfinstrument nach innen; Soziale Zusammensetzung und Verhaltenskontrolle; „Mobilisierung des kleinbürgerlichen Gesinnungsmilitarismus" ist als nützlicher Problemzugang anzusehen. Von der Materialaufbereitung her sind Saul und Höhn heranzuziehen. Letzterer im Grunde nur deswegen. Seine Verarbeitung geht über die Stoffzusammenstellung und Gliederung kaum hinaus.

Den Komplexen „Militär und Schule" und „Zivilversorgung" hat sich Messerschmidt [15] zugewandt. Beide gehören konstitutiv zum Erscheinungsbild des preußisch-deutschen Militarismus, beide stehen auch mit dem Prinzip der preußischen allgemeinen Wehrpflicht in enger Verbindung. Auf die nationale und soziale Klammerfunktion der allgemeinen Wehrpflicht, auf ihre Bedeutung für das Ineinandergehen von Militarismus und Nationalismus hat bereits Friedrich Meinecke in der ›Idee der Staatsräson‹ nachhaltig hingewiesen.[16] „Militarismus" als älteste der drei die moderne Machtpolitik der Staaten tragenden Gewalten – Militarismus, Nationalismus, Kapitalismus – „wuchs durch die Einführung der allgemeinen Wehrpflicht tief in das Volksleben hinein". In Preußen nach Jena als „defensive Idee" geboren, nahm sie bald andere Züge an. Ihre Erfolge führten sie zur allgemeinen Rezeption auf dem Kontinent. Damit begann der allgemeine Rüstungswettlauf. Die offensiven Mittel der Politik steigerten sich.

Die Verbindung des „militärischen Berufsgeistes" mit der allgemeinen Wehrpflicht sieht Meinecke als Produkt des „modernen Militarismus" an. Dabei hat er insbesondere die preußisch-deutschen Verhältnisse im Auge. In gewisser Weise sieht er den deutschen Nationalstaat als vom Militärstaat her bedingt an. Die letzte Virulenz hat dieser moderne Militarismus aber erst durch Hinzutreten des Kapitalismus erhalten. Das Destruktions-

---

[15] Messerschmidt: Handbuch zur Deutschen Militärgeschichte, 1814–1890, und ders.: Militär und Schule in der wilhelminischen Zeit.
[16] Meinecke: Staatsräson, S. 492 ff.

potential der Verbindung Nationalismus – Militarismus hätte nach Meinecke begrenzte Effekte erzielt. Vielleicht einen europäischen Krieg vom Typus der napoleonischen Kriege, „nur mit gewaltigeren Kräften geführt". Es hätte aber kaum das europäische Staatensystem aus den Angeln gehoben. Erst die hinzukommende Potenz des Kapitalismus hat der jetzt entstehenden Kombination von Gewalt die dazu ausreichende Zerstörungskraft zugeführt. Darüber hinaus brachte der Kapitalismus „einen großen Teil der neuen Ziele, für die man kämpfte", hervor, unter anderem imperialistische.[17] In Meineckes Sicht haben diese Gewalten die Staatsräson unterlaufen, sie in eine Krise geführt, obwohl zwischen 1871 und 1914 Europa staatlich so konsolidiert und befriedet gewesen sei „wie noch kaum je in der neueren Geschichte". Hinter der Erkenntnis struktureller Friedensgefährdung durch Militarismus, Nationalismus und Kapitalismus – die den leitenden Staatsmann im allgemeinen beherrschen, denen er in einer Position relativer Schwäche gegenübersteht – bleibt im Hintergrund für Meinecke das Ideal einer am Gleichgewicht der Mächte orientierten Staatsräson lebendig: „Wenn überall in der Welt Starke neben Starken wohnten und kein schwacher, fauler Fleck dazwischen übrigbliebe, so wäre das in der Tat eine hohe Bürgschaft für den Weltfrieden." Darin unterscheidet er sich prinzipiell vom modernen Militarismusbegriff. Hinzu kommt die Hereinnahme irrationaler Momente in die Analyse der historischen Erscheinungsformen von Militarismus und anderer Störfaktoren der internationalen Ordnung. Hier sieht Meinecke schicksalhafte, elementare Kräfte am Werk. Der Erste Weltkrieg zog herauf im „Kontagium der nationalen Geister zu dem alten Krankheitsherd des Balkans". Hier konnte dann der militärische Rüstungswettlauf der Großmächte gefährlich für den Weltfrieden werden.

Die Bedeutung der Beziehung Militär – Schule – Einjährig-Freiwilligen-Wesen und der Unterwanderung der unteren Bereiche der Zivilverwaltung durch den „Zwölfender" für den gesellschaftlichen Militarisierungsprozeß ist von der Forschung

---

17 Ebd., S. 496.

noch nicht grundsätzlich untersucht worden. Die erwähnten Arbeiten von Messerschmidt suchen die Komplexe „sozialer Militarismus" und „Gesinnungsmilitarismus" von dieser Seite her zu durchleuchten. Im Einjährigen-Institut hat gerade die Möglichkeit des Teilloskaufs von der Dienstpflicht integrierend gewirkt und positive Einstellungen weiter Kreise zum Militärstaat immer neu produziert. „Bildung" und „Besitz", wie ursprünglich intendiert, begünstigte die Einrichtung längst nicht mehr, sondern die Klassen unterhalb der Reserveoffizierfähigkeit, während die ursprünglich privilegierten Familien in der wilhelminischen Zeit den Reserveoffizierstatus ihrer Söhne anstrebten, also gerade nicht, oder doch in anderer Form von der Teilbefreiung Gebrauch machten.

Das Einjährigen-System stellte in der wilhelminischen Ära eine der entscheidenden Klammern zwischen Armee, Schule und staatstragenden, staatsbejahenden Schichten dar. Es schaffte auch unterhalb der Exklusivität des aktiven und Reserve-Offizierkorps erwünschte und benötigte Bindungen. Nur deshalb konnte die Kritik an diesem System nicht durchschlagen, ja die Kritik der Gegner des Militärstaats wirkte eher noch stabilisierend.

Die jüngsten Bemühungen um begriffliche Fixierung stammen aus dem Bereich der Friedens- und Konfliktforschung.[18] Sie sind wesentlich durch angelsächsische Autoren angeregt und befruchtet worden. Dieter Senghaas gibt darüber in ›Rüstung und Militarismus‹ einen informativen Überblick. Wesentliche Einsichten dieser Forschungsrichtung sind aus der Analyse des modernen Rüstungswettlaufs gewonnen worden. Daher lassen sich die neuen Kategorien schwerlich auf die Bismarckzeit oder die wilhelminische Ära anwenden, zumal, wenn auf die Eigendynamik in qualitativen Rüstungswettläufen abgehoben wird. Senghaas argumentiert, daß der herkömmliche Militarismusbegriff teilweise seinen Sinn verliere, wo „der sogenannte ‚Zivil-

[18] Einen Literaturüberblick über Militarismusforschung aus der Sicht der Konfliktforschung gibt E. Hennig: Die Rüstungsgesellschaft und ihre Kosten, in: Friedensforschung, hrsg. v. E. Krippendorff, Köln 1968, S. 275–319 (= NWB 29).

bereich', Militärapparate, moderne Technologie und Wissenschaft sowie die Wirtschaft unter politisch propagierten militärischen Vorzeichen sich vielfältig überlagern und durchkreuzen und zu einem gesellschaftlichen Gebilde eigener Art sich verbinden" [19], weil hier die ihm früher zugeordnete politische, militärische und sozio-ökonomische Realität „tendenziell" erlösche. Anknüpfungspunkte scheinen gegeben zu sein bei dem Problembereich „Militarismus als Reaktion auf systemverändernde Kräfte" und beim „Autismus"-Komplex. Wesentlich aber ist den modernen Zugängen, daß Rüstung zum zentralen Indikator für Militarismus wird.

Bisher hat lediglich Volker Berghahn den Versuch unternommen, mit Kategorien der Konfliktforschung Phänomene der wilhelminischen Zeit zu erfassen. Es geht ihm darum, diese Kategorien anhand der deutschen Flottenrüstung historisch zu verifizieren.[20] Berghahn sieht sich dazu trotz der von Senghaas gezogenen Linie zwischen dem traditionellen und dem erweiterten Militarismusbegriff berechtigt, weil um die Jahrhundertwende „zum erstenmal in der Geschichte die ganze Skala von technologischen, sozio-ökonomischen, ideologischen und massenpsychologischen Faktoren" aufgetaucht sei, die die Friedens- und Konfliktforschung als Bestandteil ihres Konfigurationsmodells entwickelt habe. Die für den Historiker wichtige Aussage, daß das europäische Wettrüsten als ein vom Deutschen Reich einseitig ausgelöstes Flottenrüsten begann, engt die Fragerichtung zu einseitig auf die Seerüstung ein. Im Hinblick auf die Armeerüstung wäre festzustellen, daß gerade wesentliche Kategorien des qualitativen Rüstungsprozesses – Innovationen, Eigengesetzlichkeit von Systemen – vielfach von militärischen Räsonnements durchkreuzt wurden, die noch älteren historischen Zusammenhängen zugeordnet werden müssen.

Alles in allem stellt aber Berghahns Versuch einen wichtigen Schritt in die praktische interdisziplinäre Zusammenarbeit dar.

[19] Senghaas, S. 13.
[20] V. Berghahn: Rüstung und Machtpolitik. Zur Anatomie des „Kalten Krieges" vor 1914, Düsseldorf 1973 (=Mannheimer Schriften zur Politik und Zeitgeschichte 5).

Das kann auch gesagt werden von seinem in Vorbereitung befindlichen „Militarismus-Band" [21]. Berghahn zeichnet in der Einleitung den Entwicklungsgang vom „politischen Kampfwort" bis zur Strukturanalyse problemorientiert nach und macht ihn in einigen Punkten überhaupt erst verständlich. Wichtig ist der an Herzfeld anknüpfende Hinweis, daß nur eine vergleichende Betrachtung nationaler Militarismen weiterhelfen kann. Hinter der Begriffsgeschichte, die von E. Assmus [22] weitgehend erarbeitet ist, sucht Berghahn vor allem das Phänomen Militarismus zu erfassen. Seine Feststellung, daß die liberale Literatur vor 1914 „Militarismus" in Zusammenhang brachte mit präliberalen und präindustriellen Gesellschaftsformen, daß am Ende Kapitalismus und Militarismus (Imperialismus) säuberlich trennbar erschienen (Schumpeter), veranschaulicht den politischen Aktualitätsgehalt jeweiliger Militarismusverständnisse. Das gilt in eminentem Maße auch für den vom Sozialismus vertretenen konträren Standpunkt. Berghahn macht aber auch Differenzen im sozialistischen Argumentationshorizont deutlich. Liebknecht suchte sich „vielleicht in nicht allzu glücklicher Weise" Preußen-Deutschland als „Paradigma" aus. Dagegen steuerte Rosa Luxemburg stärker auf die Erfassung struktureller ökonomischer Zusammenhänge zu. Im wesentlichen triumphierte am Ende aber eine eindimensionale Betrachtung, die von der DDR-Literatur rezipiert worden ist. Aber auch westliche nichtmarxi-

[21] Von dem vor dem Abschluß stehenden von Berghahn für die Neue Wissenschaftliche Bibliothek bearbeiteten Militarismus-Band war mir noch die Einleitung im Manuskript zugänglich. Berghahn hat hier die wesentliche einschlägige Literatur verarbeitet. Obwohl er feststellt, daß bis heute die Definition des Begriffs Militarismus nicht geklärt sei, muß sein Beitrag als wichtiger Schritt auf dem Wege dahin angesehen werden.

[22] E. Assmus: Die publizistische Diskussion um den Militarismus unter besonderer Berücksichtigung der Geschichte des Begriffs in Deutschland und seine Beziehung zu den politischen Ideen zwischen 1850 und 1950, Phil. Diss. Erlangen 1951. Vgl. auch W. Picht: Der Begriff „Militarismus", in: GWU 5, 1954, S. 455 ff.

stische Autoren sind neben der Systemtheorie amerikanischer Herkunft von marxistischen Kategorien beeinflußt worden (Senghaas u. a.). Berghahn findet die „auffälligste Gemeinsamkeit" zwischen systemtheoretischer Konzeption und marxistisch-theoretischen Modellen darin, „daß sie beide die hochindustrialisierten Systeme im Dreieck von Ökonomie, Ideologie und Herrschaft zu analysieren vorschlagen".

In der DDR bildet noch immer Karl Liebknechts Analyse des Militarismus in seiner Schrift ›Militarismus und Antimilitarismus unter besonderer Berücksichtigung der internationalen Jugendbewegung‹ (1907) die Grundlage für das Militarismusverständnis. Liebknecht vertritt die Auffassung, Militarismus sei ein gesellschaftliches Phänomen, es handle sich dabei nicht allein um vielleicht korrigierbare Auswüchse militärischen Denkens und militärischer Praxis. Er und mit ihm die DDR-Wissenschaft sehen Militarismus als komplementäres Phänomen der Klassengesellschaft an. In der kapitalistischen Gesellschaft wird der „Schutz der herrschenden Gesellschaftsordnung", also die Absicherung des Kapitalismus selbst zum Wesenselement des Militarismus. Militarismus ist zugleich Instrument der herrschenden Klasse nach innen und außen, aber auch Produkt und Funktion der Klassengegensätze.

Diese Interpretation begreift den preußisch-deutschen Militarismus nicht theoretisch, sondern nur wegen bestimmter historischer „Zutaten" als Sonderfall. Er ist „durch die besonderen halbabsolutistischen, feudal-bürokratischen Verhältnisse Deutschlands zu einer ganz besonderen Blüte gediehen. Wegen der hier auftretenden schlechten und gefährlichen Eigenschaften des kapitalistischen Militarismus betrachtet Liebknecht die deutsche Erscheinungsform als besonders geeignet zur paradigmatischen Behandlung.

Diesen „Rang" besitzt sie durchgehend für die Geschichtsschreibung in der DDR. Neue Detailkritik ist hinzugefügt worden, eine neue Sicht ist nicht erkennbar.[23] Einzelne Autoren

[23] Vgl. etwa Klein: Deutschland 1897/98–1917, S. 184 ff.

144

tendieren zu einer Reduktion des Ansatzes, womit sie stärker in die Nähe liberal-demokratischer Kritik geraten, wie etwa Hajo Herbell in ›Staatsbürger in Uniform‹, wo er die „Degradation des Staatsbürgerbegriffs" als „Ergebnis der imperialistisch-militärischen Entwicklung kennzeichnet.

Ernst Engelberg [24] legt seiner Militarismusinterpretation ebenfalls die Position der Sozialdemokratie der Vorkriegszeit zugrunde. Militarismus wird als „notwendiger Auswuchs des herrschenden Staats- und Gesellschaftssystems" beschrieben, der analytisch wesentlich als antidemokratisch und aggressiv, als innen- und außenpolitisch friedensgefährdend und schlechthin unpatriotisch definiert wird.

Förster, Helmert, Otto und Schnitter [25] suchen den in der Auseinandersetzung mit dem preußischen Militärstaat formulierten Begriff des Militarismus schärfer zu fassen durch Einbeziehung organisatorischer und technologischer Komponenten. Der so von älteren Erscheinungsformen abgehobene „moderne" preußisch-deutsche Militarismus wird als „bürgerlich-junkerlich" charakterisiert. Er wurde möglich infolge der „Verschmelzung von feudal-reaktionären und bürgerlich-reaktionären Ideen zu einer modernen militaristischen Ideologie". Militär und Bourgeoisie unterstellt diese Sehweise jeweils eigene vorwärtstrei-

---

[24] Engelberg: Deutschland 1871–1897, insbes. S. 222 ff. In dem Aufsatz: Probleme des nationalen Geschichtsbildes der deutschen Arbeiterklasse, in: ZfG 1962, Sonderheft 10, ›Beiträge zum nationalen Geschichtsbild der deutschen Arbeiterklasse‹, S. 7–49 (36), bringt er den preußisch-deutschen Militarismus mit der undemokratischen Einigung 1870/71 in Zusammenhang. Strukturgeschichtlich sind auch hier neue Ansätze nicht erkennbar: die Armee *wurde* „Hauptzweck" des Staates – was sie ja in Preußen schon mehr als 150 Jahre vorher war. Berghahns Feststellung trifft zu, daß Engelberg in seinen Militarismusdefinitionen stärker auf das „feudal-aristokratische" Preußen, weniger auf moderne Züge des Phänomens abhebt. D. Fricke: Zur Rolle des Militarismus nach innen in Deutschland vor dem ersten Weltkrieg, in: ZfG, 1958, S. 1298–1310 lehnt sich vor allem an K. Liebknecht an.

[25] Der preußisch-deutsche Generalstab 1640–1965, S. 31 ff.

bende Energien, dem bürgerlich-kapitalistischen Partner wird eher noch die größere Antriebskraft zugesprochen: „Dieser Übergang hätte nicht so relativ leicht vor sich gehen können, wenn nicht die Bourgeoisie ein direktes ökonomisches Interesse an der Geburt des modernen Militarismus gehabt hätte." Eine von ökonomischen Klasseninteressen wenn nicht gelöste, so doch abhebbare, mehr technologisch inspirierte Dynamik und die modernen Waffensystemen innewohnende Innovationsautomatik kommt nicht in den Blick. Mit einigem Recht angesichts der damaligen technologischen Rüstungsentwicklung. Aber es ist sicher auch kein Zufall, daß Arbeiten wie die Berghahns keine Entsprechung haben. Damit käme das Dogma, daß Rüstung sozialistischer Länder prinzipiell friedensfördernd, Rüstung kapitalistischer Staaten dagegen wesensmäßig konfliktprovozierend sind, in Gefahr.

Auf dieser Linie liegt die an Wilhelm Liebknecht anschließende Gleichsetzung von Bismarck-System und Militarismus, die ein anderer Autor übernommen hat.[26]

Insgesamt läßt sich sagen, daß die Militarismusdiskussion in der DDR noch ganz von klassenkämpferischen Positionen der Vorweltkriegszeit genährt wird. Zu wenig Bemühung um neue Ansätze geht einher mit oft kurzschlüssigen Formeln, aus denen nicht zuletzt auch der Wille zur Abgrenzung gegen historische Entwicklungen spricht, die global als einseitiges Erbe der Bundesrepublik Deutschland angesprochen werden.

[26] M. Weien: Der Kampf der deutschen Sozialdemokratie im Reichstag für Demokratie und gegen Militarismus 1878 bis 1884, S. 379.

LITERATUR

Albertini, R. v.: Politik und Kriegführung in der deutschen Kriegstheorie von Clausewitz bis Ludendorff, in: Schweiz. Monatsschrift für Offiziere aller Waffen 59, 1947, Heft 1–3, S. 11–29; 33–45; 78–91.

Anderson, E. N.: The Social and Political Conflict in Prussia (1858–1864), Lincoln 1954.

Assmus, E.: Die publizistische Diskussion um den Militarismus unter besonderer Berücksichtigung der Geschichte des Begriffs in Deutschland und seine Beziehung zu den politischen Ideen zwischen 1850 und 1950, Phil. Diss. Erlangen 1951.

Bartel, H.: Zur historischen Stellung der Reichsgründung von 1871 und zum Charakter des preußisch-deutschen Reiches, in: Die großpreußisch-militaristische Reichsgründung 1871 – Voraussetzungen und Folgen –, Bd. 2, hrsg. v. H. Bartel und E. Engelberg, Berlin 1971, S. 1–20 (= Deutsche Akademie der Wissenschaften zu Berlin. Schriften des Zentralinstituts für Geschichte. Reihe 1: Allgemeine und deutsche Geschichte, Bd. 36/B).

–, Seeber, G.: Pariser Kommune, Reichsgründung und revolutionäres Proletariat. Ausgangsposition und Problematik der Stellung der deutschen Arbeiterbewegung zum Deutschen Reich, in: Die großpreußisch-militaristische Reichsgründung 1871, Bd. 2 [vgl. unter Bartel, H.], S. 21–73.

Becker, J.: Baden, Bismarck und die Annexion von Elsaß und Lothringen, in: ZGO 115, 1967, S. 167–204.

Becker, O.: Bismarcks Ringen um Deutschlands Gestaltung, hrsg. und ergänzt von A. Scharff, Heidelberg 1958.

Berghahn, V. R.: Der Tirpitz-Plan. Genesis und Verfall einer innenpolitischen Krisenstrategie unter Wilhelm II., Düsseldorf 1971.

–: Der Tirpitz-Plan und die Krisis des preußisch-deutschen Herrschaftssystems, in: Marine und Marinepolitik im kaiserlichen Deutschland 1871–1914, hrsg. vom Militärgeschichtlichen Forschungsamt durch H. Schottelius und W. Deist, Düsseldorf 1972, S. 89–115.

–: Ludwig Dehio, in: Deutsche Historiker, hrsg. von H.-U. Wehler, Bd. 4, Göttingen 1972, S. 97–116.

Berghahn, V. R.: Rüstung und Machtpolitik. Zur Anatomie des „Kalten Krieges" vor 1914, Düsseldorf 1973 (= Mannheimer Schriften zur Politik und Zeitgeschichte 5).

Berthold, W. u. a. (Hrsg.): Kritik der bürgerlichen Geschichtsschreibung. Handbuch, Köln 1970, Lizenzausgabe der Ausgabe des Akademie-Verlags, Ostberlin, mit dem Titel: Unbewältigte Vergangenheit.

Bismarck-Bibliographie. Quellen und Literatur zur Geschichte Bismarcks und seiner Zeit, hrsg. v. K. E. Born, bearb. v. W. Hertel unter Mitarbeit v. A. Henning, Köln 1966.

Böckenförde, E.-W.: Der deutsche Typ der konstitutionellen Monarchie im 19. Jahrhundert, in: Beiträge zur deutschen und belgischen Verfassungsgeschichte im 19. Jahrhundert, hrsg. v. W. Conze, Stuttgart 1967 (= Beihefte zu GWU 1).

Böhme, H.: Deutschlands Weg zur Großmacht. Studien zum Verhältnis von Wirtschaft und Staat während der Reichsgründungszeit 1848–1881, Köln 1966.

–: Politik und Ökonomie in der Reichsgründungs- und späten Bismarckzeit, in: Das kaiserliche Deutschland [vgl. unter Stürmer, M., Hrsg.], S. 26–49.

Böhme, K.: Der preußische Militarismus in der Historiographie der Bundesrepublik und der DDR, in: Mitteilungen der Gesellschaft der Freunde der Universität Mannheim e. V., Oktober 1974, S. 32–47.

Boldt, H.: Deutscher Konstitutionalismus und Bismarckreich, in: Das kaiserliche Deutschland [vgl. unter Stürmer, M., Hrsg.], S. 119–142.

Bronsart, F. v.: Klarstellungen zu dem Buch ›Der Kriegsminister‹ von H. O. Meisner, 1941.

Buchner, R.: Die deutsche patriotische Dichtung vom Kriegsbeginn 1870 über Frankreich und die elsässische Frage, in: HZ 206, 1968, S. 327–336.

Bußmann, W.: Treitschke. Sein Welt- und Geschichtsbild, Göttingen 1952 (= Göttinger Bausteine zur Geschichtswissenschaft, H. 3–4).

–: Handbuch der deutschen Geschichte, hrsg. v. L. Just, Bd. 3, Abschn. 3, Konstanz 1956.

–: Zur Geschichte des deutschen Liberalismus im 19. Jahrhundert, in: Probleme der Reichsgründungszeit 1848–1879, Köln 1968, S. 85–103 (= NWB 26).

Canis, K.: Die politische Taktik führender preußischer Militärs 1858 bis 1866, in: Die großpreußisch-militaristische Reichsgründung 1871, Bd. 1 [vgl. unter Bartel, H.], S. 118–156.

–: Bismarck, Waldersee und die Kriegsgefahr Ende 1887, in: Die großpreußisch-militaristische Reichsgründung 1871, Bd. 2 [vgl. unter Bartel, H.], S. 397–435.

Clausewitz, C. v.: Vom Kriege, 17. Aufl., Bonn 1966, hrsg. v. W. Hahlweg. Einleitung Hahlweg: Das Clausewitzbild einst und jetzt.

Conze, W., D. Groh: Die Arbeiterbewegung in der nationalen Bewegung. Die deutsche Sozialdemokratie vor, während und nach der Reichsgründung, Stuttgart 1966.

Craig, G. A.: The Politics of the Prussian Army 1640–1945, Oxford 1955.

Dehio, L.: Zwei politische Briefe Edwin v. Manteuffels, in: Deutsche Revue, Stuttgart, 47. Jg., 1922, Bd. 1, S. 147 ff.

–: Die Pläne der Militärpartei und der Konflikt, in: Deutsche Rundschau, Bd. 213, 1927, S. 91–100.

–: Deutschland und die Epoche der Weltkriege, in: HZ 173, 1952, S. 77–94.

–: Um den deutschen Militarismus, in: HZ 180, 1955, S. 43–64.

Deist, W.: Die Armee in Staat und Gesellschaft 1890–1914, in: Das kaiserliche Deutschland [vgl. unter Stürmer, M., Hrsg.], S. 312–339.

–: Militär und Innenpolitik im Weltkrieg 1914–1918, Düsseldorf 1970 (= Quellen zur Geschichte des Parlamentarismus und der politischen Parteien, Zweite Reihe. Militär und Politik, hrsg. v. E. Matthias und H. Meier-Welcker).

–: Reichsmarineamt und Flottenverein 1903–1906, in: Marine und Marinepolitik [vgl. unter Berghahn, V. R.], S. 116–145.

–: Flottenpolitik und Flottenpropaganda. Das Nachrichtenbureau des Reichsmarineamts 1897–1914. Voraussichtl. 1976, in: Beiträge zur Militär- und Kriegsgeschichte, hrsg. v. Militärgeschichtlichen Forschungsamt Freiburg i. Br.

Deuerlein, E.: Die Konfrontation von Nationalstaat und national bestimmter Kultur, in: Reichsgründung 1870/71. Tatsachen – Kontroversen – Interpretationen, hrsg. v. Th. Schieder und E. Deuerlein, Stuttgart 1970, S. 226–258.

Eley, G.: Sammlungspolitik. Social Imperialism and the Navy Law of 1898, in: MGM 1/74, S. 29–63.

Engelberg, E.: Über das Problem des deutschen Militarismus, in: ZfG 1956, S. 1113–1145.

Engelberg, E.: Probleme des nationalen Geschichtsbildes der deutschen Arbeiterklasse, in: ZfG 1962, Sonderheft 10, ›Beiträge zum nationalen Geschichtsbild der deutschen Arbeiterklasse‹, S. 7–49.

–: Deutschland von 1871 bis 1897. Deutschland in der Übergangsperiode zum Imperialismus, Berlin 1967.

–: Deutschland von 1849 bis 1871. Von der Niederlage der bürgerlichdemokratischen Revolution bis zur Reichsgründung, Berlin 1972.

Engels, F.: Die preußische Militärfrage und die deutsche Arbeiterpartei, MEW, Bd. 16.

Erickson, J. u. Mommsen, H.: Militarismus, in: Sowjetsystem und demokratische Gesellschaft. Eine vergleichende Enzyklopädie, Bd. IV, Freiburg i. Br., 1971, Sp. 528–568.

Eyck, E.: Bismarck, Bd. 2, Erlenbach-Zürich 1943.

–: Das persönliche Regiment Wilhelms II. Politische Geschichte des deutschen Kaiserreichs von 1890 bis 1914, Zürich 1948.

Faber, K.-G.: Strukturprobleme des deutschen Liberalismus im 19. Jahrhundert. Ms., Beitrag zum Deutschen Historiker-Tag 1974 in Braunschweig.

Fehrenbach, E.: Wandlungen des deutschen Kaisergedankens 1871 bis 1918, München 1969 (= Studium z. Gesch. d. neunzehnten Jhdts., Bd. 1).

–: Die Reichsgründung in der deutschen Geschichtsschreibung, in: Reichsgründung 1870/71 [vgl. unter Deuerlein, E.], S. 259–290.

Fischer, F.: Griff nach der Weltmacht. Die Kriegszielpolitik des kaiserlichen Deutschland 1914/18, Düsseldorf, 1. Aufl. 1961, 3. Aufl. 1964.

–: Krieg der Illusionen. Die deutsche Politik von 1911 bis 1914, Düsseldorf 1969.

Förster, G., Helmert, H., Otto, H., Schnitter, H.: Der preußischdeutsche Generalstab 1640–1965. Zu seiner politischen Rolle in der Geschichte, Berlin 1966.

Forstmeier, F.: Der Tirpitzsche Flottenbau im Urteil der Historiker, in: Marine und Marinepolitik [vgl. unter Berghahn, V. R.], S. 34–53.

Fricke, D.: Zur Rolle des Militarismus nach innen in Deutschland vor dem ersten Weltkrieg, in: ZfG, 1958, S. 1298–1310.

Gall, L.: Zur Frage der Annexion von Elsaß und Lothringen 1870, in: HZ 206, 1968, S. 265–326.

–: Staat und Wirtschaft in der Reichsgründungszeit, in: HZ 209, 1969, S. 616–630.

–: Das Problem Elsaß-Lothringen, in: Reichsgründung 1870/71 [vgl. Deuerlein, E., Hrsg.], S. 366–385.

–: Die „deutsche Frage" im 19. Jahrhundert, in: 1871 – Fragen an die deutsche Geschichte. Katalog zu den historischen Ausstellungen im Reichstagsgebäude in Berlin und in der Paulskirche in Frankfurt a. M. aus Anlaß der hundertsten Wiederkehr der Reichsgründung 1871, Berlin 1971, S. 19–51.

–: Liberalismus und bürgerliche Gesellschaft in Deutschland bis zur Krise der siebziger Jahre des 19. Jahrhunderts. Ansätze zu einer historisch-systematischen Analyse. Ms., Beitrag zum Deutschen Historiker-Tag 1974 in Braunschweig.

Gantzel, K.-J.: System und Akteur, Beiträge zur vergleichenden Kriegsursachenforschung, Düsseldorf 1972.

Gasser, A.: Deutschlands Entschluß zum Präventivkrieg 1913/14, in: Festschrift für E. Bonjour, I, Basel 1968, S. 173–224.

Granier, H.: Eine Denkschrift des Generals Edwin v. Manteuffel über das Militair-Kabinett, in: Forschungen zur Brandenburg-Preußischen Geschichte, Bd. 47, 1935, S. 172–181.

Hahlweg, W.: Kriegs- und Wehrwesen, in: Dahlmann-Waitz: Quellenkunde der deutschen Geschichte. Bibliographie der Quellen und der Literatur zur Deutschen Geschichte, Bd. 2, Stuttgart, 10. Aufl. 1971, Abschnitt 40.

Hallgarten, G. W. F.: Das Schicksal des Imperialismus im 20. Jahrhundert. Drei Abhandlungen über Kriegsursachen, Frankfurt a. M. 1969.

Hennig, E.: Die Rüstungsgesellschaft und ihre Kosten, in: Friedensforschung, hrsg. v. E. Krippendorff, Köln 1968, S. 275–319 (= NWB 29).

Herbell, H.: Staatsbürger in Uniform 1789 bis 1961. Ein Beitrag zur Geschichte des Kampfes zwischen Demokratie und Militarismus in Deutschland, Berlin 1969.

Herzfeld, H.: Der Militarismus als Problem der neueren Geschichte, in: Schola. Monatsschrift für Erziehung und Bildung, 1. Jg. 1946, H. 1, S. 41–67.

–: Staat und Nation in der deutschen Geschichtsschreibung der Weimarer Zeit, Sonderdruck aus: Veritas, Justitia, Libertas, Festschrift zur 200-Jahrfeier der Columbia University New York.

–: Die moderne Welt 1789–1945. 1. Teil: Die Epoche der bürgerlichen Nationalstaaten 1789–1890, Braunschweig 1953. – 2. Teil: Weltmächte und Weltkriege. Die Geschichte unserer Epoche 1890–1945, Braunschweig 1952 (= Westermanns Studienhefte, Reihe Geschichte der Neuzeit, hrsg. v. G. Ritter).

–: Das deutsche Heer als geschichtliches Problem, in: Z Pol N. F. 1. 1954.

–: Literaturbericht: Zur neueren Literatur über das Heeresproblem in der deutschen Geschichte, in: Vj H f Zg 1956, S. 361–383.

Hildebrand, K.: Der „Fall Hitler", Bilanz und Wege der Hitler-Forschung, in: Neue politische Literatur, 3/1969, S. 375–386.

–: Von der Reichseinigung zur „Krieg-in-Sicht"-Krise. Preußen-Deutschland als Faktor der britischen Außenpolitik 1866–1875, in: Das kaiserliche Deutschland [vgl. unter Stürmer, M., Hrsg.], S. 205–234.

Hillgruber, A.: Deutschlands Rolle in der Vorgeschichte der beiden Weltkriege, Göttingen 1967.

–: Die „Krieg-in-Sicht"-Krise 1875 – Wegscheide der Politik der europäischen Großmächte in der späten Bismarck-Zeit, in: Gedenkschrift Martin Göhring. Studien zur Europäischen Geschichte, hrsg. v. E. Schulin, Wiesbaden 1968, S. 239–253.

–: Zwischen Hegemonie und Weltpolitik – Das Problem der Kontinuität von Bismarck bis Bethmann Hollweg, in: Das kaiserliche Deutschland [vgl. unter Stürmer, M., Hrsg.], S. 187–204.

–: Entwicklung, Wandlung und Zerstörung des deutschen National-staats 1871–1945, in: 1871 – Fragen an die deutsche Geschichte [vgl. unter Gall, L.], S. 171–203.

–: Bismarcks Außenpolitik, Freiburg i. Br. 1972.

Hinrichs, C.: Preußen als historisches Problem (Titelaufsatz), in: Preußen als historisches Problem. Gesammelte Abhandlungen, hrsg. v. G. Oestreich, Berlin 1964, S. 15–39.

Hintze, O.: Staatsverfassung und Heeresverfassung (1906), in: Staat und Verfassung. Gesammelte Abhandlungen zur Allgemeinen Verfassungsgeschichte, Bd. 1, hrsg. v. G. Oestreich, Göttingen, 2. Aufl. 1962, S. 52–83.

–: Das monarchische Prinzip und die konstitutionelle Verfassung (1911), in: O. Hintze: Staat und Verfassung. Gesammelte Abhandlungen zur Allgemeinen Verfassungsgeschichte, Bd. 1, S. 359–390.

Holborn, H.: Irrwege in unserer Geschichte? in: Der Monat. 2. Jg., 1949/50, H. 16, S. 531 ff.

Höhn, R.: Die Armee als Erziehungsschule der Nation. Das Ende einer Idee, Bad Harzburg 1963.

–: Sozialismus und Heer, Bd. 2, Die Auseinandersetzung der Sozialdemokratie mit dem Moltkeschen Heer, Bad Homburg v. d. H., 1961, und Bd. 3, Der Kampf des Heeres gegen die Sozialdemokratie, Bad Harzburg 1969.

Hubatsch, W.: Der Kulminationspunkt der deutschen Marinepolitik im Jahre 1912, in: HZ 176, 1953, S. 291–322.

Huber, E. R.: Heer und Staat in der deutschen Geschichte, Hamburg 1938.

–: Deutsche Verfassungsgeschichte seit 1789, Bd. 3: Bismarck und das Reich, Stuttgart 1963.

–: Die Bismarcksche Reichsverfassung im Zusammenhang der deutschen Verfassungsgeschichte, in: Reichsgründung [vgl. unter Deuerlein, E.], S. 164–196.

Hümmler, H.: Opposition gegen Lassalle, Berlin 1963.

Jerussalimski, A. S.: Bismarck. Diplomatie und Militarismus, Frankfurt a. M. 1970, Russische Originalausgabe: Moskau 1968.

Kahlenberg, F. C.: Das Epochenjahr 1866 in der deutschen Geschichte, in: Das kaiserliche Deutschland [vgl. unter Stürmer, M., Hrsg.], S. 51–74.

Kehr, E.: Der Primat der Innenpolitik, hrsg. v. H.-U. Wehler, Berlin 1965 (= Veröffentlichungen der Hist. Komm. zu Berlin beim F.-Meinecke-Inst. d. Freien Univ. Berlin, Bd. 19). Hierin die Aufsätze: Zur Genesis des Königlich Preußischen Reserveoffiziers, S. 53–63; Das soziale System der Reaktion in Preußen unter dem Ministerium Puttkamer, S. 64–86; Klassenkämpfe und Rüstungspolitik im kaiserlichen Deutschland, S. 87–110; Die deutsche Flotte in den neunziger Jahren und der politisch-militärische Dualismus des Kaiserreichs, S. 111–129; Soziale und finanzielle Grundlagen der Tirpitzschen Flottenpropaganda, S. 130–148; Englandhaß und Weltpolitik. Eine Studie über die innenpolitischen und sozialen Grundlagen der deutschen Außenpolitik an der Jahrhundertwende, S. 149–175.

Kessel, E.: Moltke, Stuttgart 1957.

Klein, F.: Deutschland von 1897/98 bis 1917. Deutschland in der Periode des Imperialismus bis zur Großen Sozialistischen Oktoberrevolution, Berlin, 3. Aufl. 1972.

Klein-Wuttig, A.: Politik und Kriegführung in den deutschen Einigungskriegen 1864, 1866 und 1870/71, Berlin 1934.

Kocka, J.: Klassengesellschaft im Krieg. Deutsche Sozialgeschichte 1914–1918, Göttingen 1973 (= Kritische Studien zur Geschichtswissenschaft Bd. 8).

Kolb, E.: Bismarck und das Aufkommen der Annexionsforderung 1870, in: HZ 209, 1969, S. 318–356.

–: Kriegführung und Politik 1870/71, in: Reichsgründung 1870/71 [vgl. Deuerlein, E., Hrsg.], S. 95–118.

–: Der Kriegsrat zu Herny am 14. August 1870, in: MGM 1/71, S. 5–13.

Lipgens, W.: Bismarck, die öffentliche Meinung und die Annexion von Elsaß und Lothringen 1870, in: HZ 199, 1964, S. 31–112.

–: Bismarck und die Frage der Annexion 1870. Eine Erwiderung, in: HZ 206, 1968, S. 586–617.

Mann, G.: Deutsche Geschichte des 19. und 20. Jahrhunderts, Frankfurt a. M. 1967.

Marschall v. Bieberstein, Frhr. F.: Verantwortlichkeit und Gegenzeichnung bei Anordnungen des Obersten Kriegsherrn. Studie zum deutschen Staatsrecht, Berlin 1911.

Meinecke, F.: Nach der Revolution. Geschichtliche Betrachtungen über unsere Lage, München 1919.

–: Die Deutsche Katastrophe. Betrachtungen und Erinnerungen, Wiesbaden, 2. Aufl. 1946.

–: Die Idee der Staatsräson in der neueren Geschichte, hrsg. und eingeleitet v. W. Hofer, München 1957 (= Friedrich Meinecke Werke, Bd. 1).

Meisner, H. O.: Militärkabinett, Kriegsminister und Reichskanzler zur Zeit Wilhelms I., in: FBPG 50, 1938, S. 86–103.

–: Der Kriegsminister 1814–1914. Ein Beitrag zur militärischen Verfassungsgeschichte, Berlin 1940.

Messerschmidt, M.: Deutschland in englischer Sicht. Die Wandlungen des Deutschlandbildes in der englischen Geschichtsschreibung, Düsseldorf 1955.

–: Die Armee in Staat und Gesellschaft – Die Bismarckzeit, in: Das kaiserliche Deutschland [vgl. unter Stürmer, M., Hrsg.], S. 89–118.

–: Reich und Nation im Bewußtsein der wilhelminischen Gesellschaft, in: Marine und Marinepolitik [vgl. unter Berghahn, V. R.], S. 11–33.

–: Handbuch zur deutschen Militärgeschichte 1814–1890, München 1975.

–: Militär und Schule in der wilhelminischen Zeit, in: Studien zum Wandel von Gesellschaft und Bildung im 19. Jahrhundert, erscheint 1975.

Mommsen, H.: Betrachtungen zur Entwicklung der neuzeitlichen Historiographie in der Bundesrepublik, in: Probleme der Geschichtswissenschaft, hrsg. v. G. Alföldi u. a., Düsseldorf 1973, S. 124–155.

–: Haupttendenzen nach 1945 und in der Ära des „Kalten Krieges", in: Geschichtswissenschaft in Deutschland, hrsg. v. B. Faulenbach, München 1974, S. 112–146.

Morsey, R.: Die Oberste Reichsverwaltung unter Bismarck 1867–1890, Münster 1957 (= Neue Münstersche Beiträge zur Geschichtsforschung, hrsg. v. K. v. Raumer, Bd. 3).

Nipperdey, Th.: Liberalismus und bürgerliche Gesellschaft, Ms., Beitrag zum Deutschen Historiker-Tag 1974 in Braunschweig.

Oncken, H.: Politik und Kriegführung, München 1928. (= Münchener Universitätsreden, H. 12 = Kleine Schriften H. 702).

Otto, H.: Militärische Aspekte der Außenpolitik Bismarcks (1871–1890), in: Zeitschrift für Militärgeschichte, 6. Jg., 1967, H. 2, S. 150–166.

Pflanze, O.: Bismarck and the Development of Germany. The Period of Unification, 1815–1871, Princeton 1963.

Picht, W.: Der Begriff „Militarismus", in: GWU 5, 1954, S. 455 ff.

Plessner, H.: Die verspätete Nation. Über die politische Verführbarkeit des bürgerlichen Geistes, Stuttgart, 5. Aufl. 1969.

Pöls, W.: Sozialistenfrage und Revolutionsfurcht in ihrem Zusammenhang mit den angeblichen Staatsstreichplänen Bismarcks, Lübeck 1960 (= Historische Studien H. 377).

Ritter, G.: Der Schlieffenplan. Kritik eines Mythos, München 1956.

–: Staatskunst und Kriegshandwerk. Das Problem des „Militarismus" in Deutschland. Bd. 1: Die altpreußische Tradition (1740–1890), München, 2. Aufl. 1959; Bd. 2: Die Hauptmächte Europas und das wilhelminische Reich (1890–1914), München 1960; Bd. 3: Die Tragödie der Staatskunst. Bethmann Hollweg als Kriegskanzler (1914–1917), München 1964; Bd. 4: Die Herrschaft des deutschen Militarismus und die Katastrophe von 1918, München 1968.

Röhl, J. C. G.: Staatsstreichplan oder Staatsstreichbereitschaft, Bismarcks Politik in der Entlassungskrise, in: HZ 203, 1966, S. 610–624.

–: Germany without Bismarck, London 1967. Deutsche Ausgabe: Deutschland ohne Bismarck, Tübingen 1969.

Rohwer, J.: Kriegsschiffbau und Flottengesetze um die Jahrhundertwende, in: Marine und Marinepolitik [vgl. unter Berghahn, V. R.], S. 211–235.

Rosenberg, A.: Entstehung der Weimarer Republik (1928), Frankfurt a. M. 1961 (= Sammlung ›res nova‹, Bd. 8).

Roth, G.: Die kulturellen Bestrebungen der Sozialdemokratie im Kaiserlichen Deutschland, in: Moderne deutsche Sozialgeschichte, hrsg. v. H.-U. Wehler, Köln, 2. Aufl. 1968, S. 342–365 (= NWB 10).

Rothfels, H.: Bismarck und der Osten. Leipzig 1934.

–: Ostraum, Preußentum und Reichsgedanke, Leipzig 1935.

–: Bismarck und der Staat. Ausgewählte Dokumente, Darmstadt, 3. Aufl. 1958.

–: Bismarck, der Osten und das Reich, Stuttgart 1960.

Sauer, W.: Die politische Geschichte der Deutschen Armee und das Problem des Militarismus, in: PVS, VI. Jg., 1965, S. 340–353.

–: Das Problem des deutschen Nationalstaats, in: Moderne deutsche Sozialgeschichte [vgl. unter Roth, G.], S. 407–436 u. in: Probleme der Reichsgründungszeit 1848–1879 [vgl. unter Bußmann, W.], S. 448–479.

Saul, K.: Der „Deutsche Kriegerbund". Zur innenpolitischen Funktion eines „nationalen" Verbandes im kaiserlichen Deutschland, in: MGM 1/70, S. 95–159.

–: Der Kampf um die Jugend zwischen Volksschule und Kaserne. Ein Beitrag zur „Jugendpflege" im Wilhelminischen Reich 1890–1914, in: MGM 1/71, S. 97–143.

Schieder, Th.: Das deutsche Kaiserreich von 1871 als Nationalstaat, Köln 1961 (= Wissenschaftliche Abhandlung der Arbeitsgemeinschaft für Forschung des Landes Nordrhein-Westfalen, Bd. 20).

–: Der Nationalstaat in Verteidigung und Angriff, in: Probleme der Reichsgründungszeit 1848–1879 [vgl. unter Bußmann, W.], S. 402–430.

–: Das deutsche Reich in seinen nationalen und universalen Beziehungen 1871 bis 1945, in: Reichsgründung 1870/71 [vgl. unter Deuerlein, E.], S. 422–454.

Schieder, W. (Hrsg.): Erster Weltkrieg, Ursachen, Entstehung und Kriegsziele, Köln 1969 (= NWB 32).

Schmidt-Bückeburg, R.: Das Militärkabinett der preußischen Könige und deutschen Kaiser. Seine geschichtliche Entwicklung und staatsrechtliche Stellung 1787–1918, Berlin 1933.

Schmidt-Richberg, W.: Handbuch zur deutschen Militärgeschichte 1648–1939, 3. Lieferung, V.: Von der Entlassung Bismarcks bis zum Ende des Ersten Weltkrieges (1890–1918), Frankfurt a. M. 1968.

Schmitt, C.: Staatsgefüge und Zusammenbruch des zweiten Reiches. Der Sieg des Bürgers über den Soldaten, Hamburg 1934 (= Der Deutsche Staat der Gegenwart, H. 6).

Schoeps, H.-J.: Der Weg ins Deutsche Kaiserreich, Berlin 1970.

Schröder, W.: Junkertum und preußisch-deutsches Reich. Zur politischen Konzeption des Junkertums und zu ihrer Widerspiegelung in der Kreuz-Zeitung 1871–1873, in: Die großpreußisch-militaristische Reichsgründung 1871, Bd. 2 [vgl. unter Bartel, H.], S. 170–234.

Schumann, H.-G. (Hrsg.): Konservatismus, Köln 1974 (= NWB 68).

Seier, H.: Sybels Vorlesung über Politik und die Kontinuität des staatsbildenden Liberalismus, in: HZ 187, 1959, S. 90–112.

Senghaas, D.: Rüstung und Militarismus, Frankfurt a. M. 1972 (= Edition Suhrkamp 498).

Stadelmann, R.: Moltke und der Staat, Krefeld 1950.

Stahl, F.-C.: Die Bestände des Bundesarchiv-Militärarchivs, in: MGM 2/68, S. 139–144.

Stegmann, D.: Die Erben Bismarcks. Parteien und Verbände in der Spätphase des wilhelminischen Deutschlands. Sammlungspolitik 1897–1918, Köln 1970.

Steinberg, H.-J.: Sozialismus und deutsche Sozialdemokratie. Zur Ideologie der Partei vor dem 1. Weltkrieg, Hannover 1967 (= Schriftenreihe des Forschungsinstituts der Friedrich-Ebert-Stiftung. B. Historisch-politische Schriften).

Stern, F.: Kulturpessimismus als politische Gefahr. Eine Analyse nationaler Ideologie in Deutschland, Bern, Stuttgart 1963.

–: Die politischen Folgen des unpolitischen Deutschen, in: Das kaiserliche Deutschland [vgl. unter Stürmer, M., Hrsg.], S. 168–186.

Streisand, J.: Bismarck und die deutsche Einigungsbewegung des 19. Jahrhunderts in der westdeutschen Geschichtsschreibung, in: ZfG, Bd. 2, Berlin 1954, S. 349–369. Ergänzte Fassung in: Probleme der Reichsgründungszeit 1848–1879 [vgl. unter Bußmann, W.], S. 384–401.

–: Deutsche Geschichte. Ein Überblick, Berlin 1970.

Stürmer, M.: Nicht Blut und Eisen, sondern Kohle und Stahl . . . Bismarcks Deutschland im Lichte der Sozial- und Wirtschaftsgeschichte, in: MGM 1/1969, S. 165–177.

–: Staatsstreichgedanken im Bismarckreich, in: HZ 209, 1969, S. 566–615.

– (Hrsg): Das kaiserliche Deutschland. Politik und Gesellschaft 1870–1918, Düsseldorf 1970.

Stürmer, M.: Bismarck und die preußisch-deutsche Politik 1871–1890, München 1970 (= dtv Dokumente 692).

–: Militärkonflikt und Bismarckstaat. Zur Bedeutung der Reichsmilitärgesetze 1874–1890, in: Gesellschaft, Parlament und Regierung. Zur Geschichte des Parlamentarismus in Deutschland, hrsg. v. G. A. Ritter, Düsseldorf 1974, S. 225–248.

–: Regierung und Reichstag im Bismarckstaat 1871–1880. Cäsarismus oder Parlamentarismus?, Düsseldorf 1974 (= Beiträge zur Geschichte des Parlamentarismus und der politischen Parteien, Bd. 54).

Sywottek, A.: Die Fischer-Kontroverse. Ein Beitrag zur Entwicklung des politisch-historischen Bewußtseins in der Bundesrepublik, in: Deutschland in der Weltpolitik des 19. und 20. Jahrhunderts. Festschrift für Fritz Fischer, hrsg. v. I. Geiss und J. Wendt, Düsseldorf 1973, S. 19–47.

Taylor, T.: Sword and Swastika. Generals and Nazis in the Third Reich, New York 1953.

Vagts, A.: A History of Militarism, New York 1937.

Wahl, A.: Beiträge zur Geschichte der Konfliktzeit, Tübingen 1914.

Weber, R.: Das kleinbürgerlich-demokratische Element in der deutschen Nationalbewegung vor 1866, in: Probleme der Reichsgründungszeit 1848–1879 [vgl. unter Bußmann, W.], S. 72–84.

Wehler, H.-U.: Bismarck und der Imperialismus, Köln 1969.

–: Sozialimperialismus, in: Imperialismus, hrsg. v. H.-U. Wehler, Köln 1970, S. 83–96 (= NWB 37).

–: Krisenherde des Kaiserreichs 1871–1918. Studien zur deutschen Sozial- und Verfassungsgeschichte, Göttingen 1970.

–: Das Deutsche Kaiserreich 1871–1918, Göttingen 1973 (= Deutsche Geschichte, hrsg. v. J. Leuschner, Bd. 9 = Kl. Vandenhoeck-Reihe 1380).

Weien, M.: Der Kampf der deutschen Sozialdemokratie im Reichstag für Demokratie und gegen Militarismus 1878 bis 1884, in: Die großpreußisch-militaristische Reichsgründung 1871, Bd. 2 [vgl. unter Bartel. H.], S. 357–396.

Westphal, O.: Feinde Bismarcks. Geistige Grundlagen der deutschen Opposition 1848–1918, München 1930.

Wheeler-Bennett, J. W.: The Nemesis of Power. The German Army in Politics 1918-1945, London 1953.

Winckler, M. B.: Bismarcks Bündnispolitik und das europäische Gleichgewicht, Stuttgart 1964.

–: Der Ausbruch der „Krieg-in-Sicht"-Krise vom Frühjahr 1875, in: Zeitschrift für Ostforschung 14, 1965, S. 671 ff.

–: Rußland, die „Krieg-in-Sicht"-Krise und der Beginn des deutschdänischen Sprachenkampfes, in: Jahrbuch der Albertus-Universität zu Königsberg/Pr. 15, 1965, S. 202 ff.

–: Wilhelms I. Thronrede (29. 10. 1874) und die Herbstkrise des Jahres 1874, in: Jahrbuch der Albertus-Universität zu Königsberg/Pr. 18, 1968, S. 310 ff.

Winkler, H. A.: Bürgerliche Emanzipation und nationale Einigung. Zur Entstehung des Nationalliberalismus in Preußen, in: Probleme der Reichsgründungszeit [vgl. unter Bußmann, W.], S. 226–242.

–: Preußischer Liberalismus und deutscher Nationalstaat. Studien zur Geschichte der Deutschen Fortschrittspartei 1861–1866, Tübingen 1964 (= Tübinger Studien zur Geschichte und Politik, Nr. 17).

–: Bemerkungen zum Thema „Liberalismus und bürgerliche Gesellschaft bis zur Krise der 1870er Jahre". Ms., Beitrag zum Deutschen Historiker-Tag 1974 in Braunschweig.

Witt, P.-C.: Reichsfinanzen und Rüstungspolitik 1898–1914, in: Marine und Marinepolitik [vgl. unter Berghahn, V. R.], S. 146–177.

Zechlin, E.: Staatsstreichpläne Bismarcks und Wilhelms II. 1890 bis 1894, Stuttgart 1929.

–: Bismarck und die Grundlegung der deutschen Großmacht, Stuttgart, 2. Aufl. 1960.

Ziekursch, J.: Politische Geschichte des neuen deutschen Kaiserreichs, Bd. 1, Frankfurt a. M. 1925.

Zmarzlik, H.-G.: Bethmann Hollweg als Reichskanzler 1909–1914, Düsseldorf 1957 (= Beiträge zur Geschichte des Parlamentarismus und der politischen Parteien, Bd. 11).

AUTOREN

Handbücher zur
GESCHICHTSWISSENSCHAFT

Erdmann, C.: Die Entstehung des Kreuzzugsgedankens. (1935) 1972. XII, 420 S. **Nr. 199**

Franz, G.: Der deutsche Bauernkrieg. 10. Aufl. 1974. XVI, 328 S., 16 Abb., 3 Faltkt. **Nr. 202**

Grönbech, W.: Kultur und Religion der Germanen. 6. Aufl. 1961. 868 S. **Nr. 943**

Hartung, F.: Neuzeit von der Mitte des 17. Jh. bis zur Französischen Revolution 1789. (1932) 1965. VIII, 213 S. **Nr. 2755**

Hellmann, S.: Das Mittelalter bis zum Ausgang der Kreuzzüge. (2. Aufl. 1924) 1969. IX, 398, S. **Nr. 4375**

Hinrichs, C.: Friedrich Wilhelm I., König in Preußen. (1943) 1968. XII, 788 S., 40 Abb. **Nr. 3910**

Kern, F.: Gottesgnadentum und Widerstandsrecht im früheren Mittelalter. 6. Aufl. 1973. XVI, 416 S. **Nr. 129**

Koser, R.: Geschichte Friedrichs des Großen. (1921/25) 1964. XXXIII, 1892 S., 1 farb. Kt., 14 Schlachtsk. **Nr. 1576**

Lindner, Th.: Deutsche Geschichte unter den Habsburgern und Luxemburgern (1273—1437). (1890/93) 1970. XXVIII, 915 S., 1 farb. Kt. **Nr. 4407**

Mitteis, H.: Die deutsche Königswahl. (2. Aufl. 1944) 1972. 239 S. **Nr. 5340**

Monger, G.: Ursachen und Entstehung der englisch-französisch-russischen Entente 1900—1907. 1963. VIII, 432 S. **Nr. 6538**

Mühlbacher, E.: Deutsche Geschichte unter den Karolingern. (2. Aufl. 1959) 1972. VI, 697 S., 1 Stammtaf., 1 farb. Faltkt. **Nr. 589**

Peuckert, W.-E.: Die große Wende. Das apokalyptische Saeculum und Luther. (1948) 1967. IV, 749 S. **Nr. 2765**

Raumer, F. von: Geschichte der Hohenstaufen und ihrer Zeit. 1968. XV, 357 S. mit Regententab., 1 Frontispiz, 3 Stammtaf. **Nr. 4949**

Rimscha, H. von: Geschichte Rußlands. 3. Aufl. 1972. XX, 692 S. **Nr. 5534**

Ritter, M.: Deutsche Geschichte im Zeitalter der Gegenreformation und des Dreißigjährigen Krieges (1555—1648). (1886 ff.) 1974. XL, 1780 S. **Nr. 1162**

Schieffer, Th.: Winfrid-Bonifatius und die christliche Grundlegung Europas. (1954) 1972. XII, 337 S., 2 Kt. **Nr. 6065**

Schmeidler, B.: Das spätere Mittelalter von der Mitte des 13. Jh. bis zur Reformation. (1937) 2. Aufl. 1962. XIII, 492 S. **Nr. 1586**

Schneider, F.: Mittelalter bis zur Mitte des 13. Jh. (1929) 4. Aufl. 1973. VIII, 491 S. **Nr. 1587**

Zechlin, E.: Bismarck und die Grundlegung der deutschen Großmacht. (1930) 2. Aufl. 1960. XXI, 652 S., 4 Faks., 5 Kt. im Text. **Nr. 939**

WISSENSCHAFTLICHE BUCHGESELLSCHAFT
61 Darmstadt   Postfach 1129

ERTRÄGE
DER FORSCHUNG

Stand vom 1. 8. 1975

In Vorbereitung für Ende 1975:

WISSENSCHAFTLICHE · BUCHGESELLSCHAFT

61 Darmstadt   Postfach 1129